건강과 맛으로 먹는

약죽(藥粥)

전순실·신동원·이동희 공저

문운당

이 책에 게재된 모든 약죽 사진은 이동희 교수가 촬영하였습니다.
이 책을 참고문헌으로 사용했을 경우 아래와 같이 표시해 주세요.
Soonsil Chun, Dongwon Shin & Dong-Hee Lee, Healing Juk, Munundang Publisher, 2020.

머리말

수 천년의 역사를 갖고 있는 죽(粥)은 우리 생활에서 다양한 용도로 발전되어 왔다. 각종 재료의 첨가가 쉬우면서도 제조가 간편하며 수요자의 요구를 충족시킬 수 있는 다양한 기능으로 큰 역할을 하고 있다.

동양의학에서는 인간의 생로병사를 결정짓는 중요한 요소로 선·후천적인 기(氣=에너지)를 핵심으로 보고 있다. 여기서 후천적인 기는 우리가 먹고 마시는 물과 음식이 주요소로 작용한다. 따라서 역대 명의들은 불로장생을 위해 소화기계가 건강한 가운데 소화 흡수력이 뛰어난지의 여부가 생사의 관건이라 강조해 왔다. 북송(北宋)의 장문잠(張文潛)은 《죽기(粥記)》에서 "모든 사람들이 안락한 삶을 위해 양생을 논하는데 그것은 까마득하게 멀리 있는 일이 아니다. 단지 수면과 음식 사이의 일일 뿐인데 매일 부드럽고 소화흡수가 잘되어 기력을 보충해주는 죽을 먹는다면 그것이 최고의 음식이다."라고 죽에 대한 예찬을 했다. 약죽의 특징은 첫째, 사람들의 체질, 성별, 연령, 직업, 계절적인 요소 및 질병 유무 등 다양한 상황에 따라 간편하게 제조할 수 있다.

둘째, 상대적으로 다른 음식에 비해 쉽게 소화 흡수 되면서 독·부작용이 없다.

셋째, 기본 재료가 대부분 일상생활에서 사용하는 재료들을 활용할 수 있어 편리하게 이용할 수 있다.

본서에서는 식품영양학과 동양의학의 원리에 입각한 분류에 따라 189종의 약죽을 소개하고 있다. 특히 30여년간 식품영양학의 교육과 연구에 전념해온 저자가 심혈을 기울여 일반인들도 상황에 맞게 응용할 수 있도록 제조한 죽의 사진들을 포함하고 있다. 따라서 동일한 재료라도 다양한 상황에서 적재적소에 사용될 수 있도록 소개하고자 노력했다. 끝으로 본서가 약선과 약죽에 관심을 기울이는 모든 분들께 작은 참고자료가 될 수 있기를 바라며, 독자 여러분들의 격려를 토대로 좀더 완성도가 높은 책이 될 수 있도록 지속적으로 노력할 것을 약속드린다.

아울러 본서의 출판을 위해 수고를 아끼지 않으신 문운당 출판사의 이성범 사장님 이하 많은 분들과 교정을 도와주신 정대기 박사와 이영주 박사의 노고에 다시 한번 감사의 뜻을 전한다.

2020년 6월

저자 일동

목차

제 1 부 총 론

목차

제2부 각 론

목차

제2부 각 론

건강과 맛으로 먹는 **약죽**

제 1 부

총 론

1장 약선과 죽(粥)의 역사

1. 약선(藥膳)의 기원 및 발전

한의학 최고 경전인 《황제내경(黃帝內經)》에서는 "음식섭취를 반나절 끊으면 기(氣)가 쇠(衰)하고, 하루를 끊으면 기(氣)가 적어진다("穀不入, 半日則氣衰, 一日則氣少矣")라고 강조한 것처럼 건강한 삶에서 음식은 절대적인 위치를 차지하고 있다.

특히 고대부터 "약식동원(藥食同源)"이란 표현에서 알 수 있듯이 약선(藥膳)은 오랜 역사와 문화적 배경을 갖고 있다. 시대별로 다양한 기록을 접할 수 있는데 기록에 의하면 약 3천년 전인 주(周)나라 시대에 이미 "식의(食醫)"라는 명칭의 관직이 있어 제왕의 질병 예방 및 보건을 위한 전문적인 역할을 수행했었다.

한(漢)나라 시대 장중경(張仲景)의 《상한잡병론(傷寒雜病論)》에는 약선(藥膳)을 이용한 치병(治病) 및 음식금기(飮食禁忌) 사항 등에 대해 상세한 기록을 남기고 있다.

당(唐)나라 시대의 명의 손사막(孫思邈)은 《천금익방(千金翼方)》 식치편(食治篇)에서 "질병을 치료하기 위해서는 먼저 식이요법(食餌療法)을 사용하고 효과가 없을 경우 약을 사용해야 된다(凡欲治療先以食療, 旣食療不愈後乃藥爾)."라고 강조한 바 있다.

송(宋)나라 시대에는 음식을 이용한 치병(治病)이 상당히 보편화되었으며 국가에서 편찬한 대표적 의서인 《태평성혜방(太平聖惠方)》에서는 약선(藥膳)과 관련된 처방 160여수와 함께 다양한 유형의 약선을 소개하고 있다.

원(元)나라 시대의 태의(太醫) 총사혜(忽思慧)의 《음선정요(飮膳正要)·卷二》에는 다양한 음선방(飮膳方)을 소개하고 있는데 모두 양생(養生)과 질병의 치료에 관한 내용으로 이루어져 있다.

명(明)나라시대 이시진(李時珍)의 《본초강목(本草綱目)》에는 많은 식물(食物)을 포함한 1892종의 약재를 수록하고 있는데 거의 모든 병증에 대해 음식을 이용해서 치료하는 방법을 소개하고 있다.

청(淸)나라 시대로 진입하면서 식료(食療)와 관련된 다양한 책들이 출판되었다. 예를 들면 왕사웅(王士雄)의 《수식거음식보(隨息居飮食譜)》 식치편(食治篇)에서는 각종 음식물의 효과와 금기사항 등에 대해 소개하고 있다.

한편 우리나라에서는 조선시대 어의(御醫) 전순의(全循義)가 세조의 명을 받아 편찬한 《식료찬요(食療纂要)》(失傳)가 있다. 이것은 중풍·감기·천식·술병·부인병 등 45종류의 병증을 증상에 따라 수백 개로 세분한 뒤 주변에서 쉽게 구할 수 있는 음식 재료를 활용해서 치료법을 소개한 본격적인 '식이요법서(食餌療法書)'이다.

《의방유취(醫方類聚)》의 식치편(食治篇)과 전순의(全循義)의 《식료찬요(食療纂要)》(失傳)는 조선 초기 음식치료법을 다룬 유일한 전문서로 매우 소중한 기록이다. 특히 우리나라는 고려부터 "차약병용(茶藥倂用)"이라 할 정도로 약물보다는 음식(飮食)과 차(茶) 마시기를 즐겨했으며, 이로 인해 의약(醫藥)이 부재한 것으로 오인되기도 했었다. 그러나 식치편에서는 무엇보다도 먼저 '평소 음식으로 몸을 잘 돌보면 굳이 약을 복용해야 할 필요가 없어진다.' 하였고, 또 '질병을 치료할 때도 우선 식이치료(食餌治療)를 먼저 행하고 나서 약을 사용하라'고 한 것을 보면 식치(食治)를 대단히 중시하였음을 알 수 있다. 전체적으로 노인(老人)과 소아문(小兒門)은 대부분이 식치(食治)를 언급하고 있고, 또 부인문(婦人門)의 경우 임신, 산후에 많은 식치방(食治方)이 소개되어 있다. 특히 삼초문(三焦門)에서는 구체적인 음식 치료방(食治方)이 적혀 있지 않고 단지 오미(五味) 중의 어떤 맛을 취하라는 설명만 있다. 식치방(食治方)의 제형 측면을 살펴보면 죽과 국의 형태가 다양한 질환에서 가장 많이 사용되었다. 이 중에는 죽과 국의 형태가 혼합된 경우도 있는데, 나물이나 찹쌀로 죽을 쑨 다음 여기에 약물을 넣어서 먹는 경우와 재료로는 죽을 만들고 재료에서 나온 즙에 다른 약재를 넣어 국으로 먹는 경우도 있었다. 또 보통 국과 고깃국의 구별이 있고, 술과 죽을 함께 하는 경우가 있다. 이외에도 밥, 떡, 미음, 차, 삶은 고기, 절인 고기, 수제비, 만두 혹은 떡 등의 음식 형태로 만드는 경우도 있지만 탕(湯), 환(丸), 산(散), 주(酒) 등의 약물 제형도 있었다.

2. 죽의 역사

죽은 수천년의 역사를 갖고 있으며 전통적인 영약학 관점에서도 중요한 위치를 점하고 있다. 죽에 대한 최초의 기록은 《주서(周書)》에 "황제가 곡식을 끓여 죽을 만들었다(黃帝始烹穀爲粥)"는 기록이다. 여기서 죽은 이미 주나라시대 백성들에게 보편적인 식품 중 하나였음을 알 수 있다. 또한 《예기(禮記)》에 언급된 각종 기록을 보면 죽은 이미 중국에서 3천년 이상의 역사를 갖고 있었음을 알 수 있다. 시대의 흐름에 따라 죽의 제조방법과 종류도 부단한 발전을 거듭해서 청나라시대의 《수원식단(隨園食單)》에서는 "물이 보이고 쌀이 보이지 않는 것은 죽이 아니고, 쌀이 보이고 물이 보이지 않는 것도 역시 죽이 아니다. 반드시 쌀과 죽이 잘 조화를 이뤄 부드럽게 하나가 된 것을 죽이라 한다."라고 기록하고 있다. 역사적인 기록에 의하면 죽이 보편화된 계기는 크게 빈곤과 절약 그리고 양생을 그 이유로 들 수 있다. 가난한 시기에 죽은 먹는다는 표현보다는 마신다는 표현이 어울리는 음식이었다. 쌀이 보석보다 더 귀한 시절에는 가능한 쌀의 소비를 줄이기 위해 극도로 묽은 죽을 끓여 쌀을 절약해야만 했기에 많은 기록에서 죽을 "먹는다"는 표현 대신 "마신다"고 기록했다. 당시의 기록을 보면 죽을 만들 때 소금을 첨가하거나 혹은 고구마를 얇게 썰어 함께 끓여 허기를 달랬음을 알 수 있다.

2장 죽의 영양

죽은 풍부한 재료, 간단한 제조방법 그리고 쉽게 소화 흡수되는 장점을 갖고 있다. 따라서 "죽(粥)은 사람의 몸을 보하는 최고의 음식"이란 칭송을 받기도 한다. 동양의학에서는 죽이 일반적으로 몸속의 진액을 보충해주고, 소화기계를 튼튼하게 만들어 몸의 면역력을 높여줄 수 있는 좋은 음식 중 하나로 설명하고 있다. 특히 약식동원(藥食同源)의 이론에 따라 죽은 보건양생뿐만 아니라 많은 질병의 보조 치료 효과를 기대할 수 있다. 죽은 영양이 풍부하고, 쉽게 소화 흡수되는 장점으로 인해 전통적으로 양생학에서는 "환자, 임신부 및 산모에게 가장 적합한 음식"이라고 칭한다. 특히 죽을 만들 때는 야채, 과일, 육류 또는 한약재까지 쉽게 첨가할 수 있기 때문에 식이요법의 효과를 더욱더 높일 수 있다. 또한 죽은 오래 끓일수록 식이요법의 효과가 증가한다. 쌀로 죽을 만들 경우 영양이 풍부할 뿐만 아니라 섬유소의 작용으로 인해 배변활동이 원활해져 장부의 흡수 능력을 향상시켜 소화기계의 기(氣)를 증진시키고 오장과 혈맥이 잘 소통되어 면역력 증강에 도움을 준다. 좁쌀죽의 경우 몸의 열과 갈증을 해소시키고 소화기계를 건강하게 하면서 소변을 편하게 한다. 죽을 끓일 때 수면 위에 뜨는 얇은 기름막은 몸을 보하는 영양성분이 응집된 것으로서 심지어 인삼, 숙지황보다도 더 뛰어난 것이라고도 한다.

청나라시대의 《본초강목습유(本草綱目拾遺)》에서는 얇은 기름막에 대해 "얼굴이 검고 몸이 극도로 수척한 사람이 100일간 먹으면 몸은 살찌고 안색이 건강하게 변한다. 몸 속의 진액을 충만시키는 힘이 숙지황을 능가해서 매일 담백하게 한 그릇씩 먹으면 가장 좋다."라고 기록하고 있다.

3장 죽의 종류

죽의 종류는 다양하며 조선시대 문헌에 나오는 죽은 170여 종류가 있다. 지난 몇 천년의 역사에서 죽의 종류는 계속적으로 증가해왔다. 기록을 근거로 몇 가지로 분류해 보면 다음과 같다.

먼저, 죽의 형태에 대한 분류는 크게 묽은 죽과 걸죽한 죽 두 가지로 나눌 수 있다.

묽은 죽은 쌀보다 물의 양을 20배 정도 더해서 끓이는데 고대 중국에서는 이런 형태의 죽을 이(酏)라고 불렀다.

걸죽한 죽은 쌀보다 물의 양을 15배 정도 더해서 점성이 느껴지도록 끓인다.

죽의 원료에 따른 분류는 크게 흰죽, 보양죽 그리고 식이요법 약죽(치료죽)으로 분류할 수 있다.

흰죽의 경우 각종 곡식을 이용해서 끓이는데 이때 많이 사용되는 재료는 쌀, 좁쌀, 옥수수, 밀, 귀리, 메밀 등의 곡식들이다.

보양죽은 기본적으로 흰죽을 기초로 각종 야채, 꽃, 과일, 육류, 해산물 등을 가미해서 영양성분을 증가시킨 것을 말한다.

식이요법 약죽은 흰죽 혹은 보양죽을 기초로 각종 한약재를 가미해서 만든 것을 말한다. 상용되는 약재는 인삼, 당귀, 단삼, 백출, 감초, 구기자 등인데 한약재를 분말로 만들어 쌀과 함께 희석해서 만들거나, 즙을 취해서 물 대신 사용하는 방법이 있다. 식이요법 약죽의 경우 위 두 가지 죽보다 효과는 현저하지만 반드시 체질이나 약재의 특성 등에 대해 전문가의 자문을 받아야 한다.

물의 양과 곡물의 형태에 따라 흰죽, 암죽, 응이, 미음으로 분류된다. 보통죽의 경우 일반적으로 쌀을 깨끗이 씻어 쌀 중량의 6~8배 정도의 물을 넣어 센 불에 끓어오르면 약한 불로 바꿔 서서히 끓여서 만든다.

결론적으로, 죽은 역사적으로 시대와 지역에 따라 다양하게 발전해 왔으며 우리는 각자의 취향과 상황에 따라 선택함으로써 최고의 영양과 양생의 효과를 얻을 수 있다.

4장 약죽의 효능

1. 약선과 변증

약선(藥膳)은 찬란한 동양문화의 한 부분이다. 한의학의 기본이론인 정체관념(整體觀念)과 변증론치(辨證論治)를 바탕으로 한 "약식동원(藥食同源)"이란 표현은 인체에 약물과 음식이 합리적으로 사용되어 질병 치료와 예방에 기여 할 수 있음을 표현하고 있다.

한의학적 관점에서 보면 모든 음식은 한약처럼 다양한 성질과 맛이 있다. 음식은 인체의 각 장부경락에 도달하는 특징이 있어 사람들의 체질과 환자의 병증에 근거해서 섭취하는 것이 좋다.

동양의학의 최고 경전인 《황제내경(黃帝內經)》에서도 약물을 이용해 질병을 치료한 뒤에는 반드시 적절한 음식으로 몸조리를 해야만 완전한 회복에 이를 수 있음을 강조하고 있다. 특히 음식물의 사기오미(四氣五味)와 인체의 한열온량(寒熱溫凉) 관계를 잘 배합해서 정기(精氣)를 보충할 수 있으며 인체 내 음양(陰陽)의 균형을 유지시켜 건강을 회복할 수 있다고 강조한다.

약죽은 약선(藥膳)의 일부로 질병의 예방, 치료 및 양생 등으로 다양한 사람들에게 적합한 음식이다. 이미 병으로 고생하고 있는 환자에게 약죽은 치료의 주요 처방 혹은 보조 처방으로 사용되어 질병을 제거할 수 있다. 병을 예방하려는 사람들에게 약선은 신체의 기능상태를 개선시켜 전체적인 음양의 균형을 조정해서 내적으로 정기(正氣)가 충만해져 병이 발생하는 나쁜 기운을 없앨 수 있다.

식품의 성질은 음식물이 함유하고 있는 한열온량(寒熱溫凉)의 성질을 말한다. 찬 성질(寒凉)의 식재료는 체내에서 해열(解熱), 해독(解毒) 및 진액을 보충하는 작용을 하게 된다. 또한 더운 성질(溫熱)의 재료는 체내의 차가운 기운을 제거함은 물론 소화기계의 기운을 북돋아 정상적인 소화기능이 가능하도록 돕는다. 이외에 차갑거나 더운 성질이 아닌 평성(平性) 식재료의 경우 주로 소화기계의 원활한 활동을 돕고 체내 에너지를 보충하는 등의 작용을 한다.

식재료의 맛, 즉 산(酸 : 신맛), 고(苦 : 쓴맛), 감(甘 : 단맛), 신(辛 : 매운맛), 함(鹹 : 짠맛) 등 다섯 가지 맛이 인체에 미치는 영향은 각각의 맛에 따라 명확히 구분된다.

일반적으로 신맛(酸味)과 떫은맛(澁味)은 강한 수렴(收斂)작용이 있어 기가 부족(氣虛)하거나, 양기가 부족(陽虛)함으로 인해 발생하는 식은 땀, 몽정, 빈번한 소변(尿頻) 등 체액의 지나친 분비를 치료하는 데 사용된다.

쓴맛(苦味)은 각종 열증(熱證), 습증(濕證) 및 기를 하강시킬 필요가 있는 증상(기침, 숨가쁨, 트림, 구역질 등)의 치료에 사용된다. 단맛(甘味)은 체내 에너지를 보충하고 각종 경련과 통증을 완화시키는 작용이 있다. 매운맛(辛味)의 경우 에너지의 발산(發散) 작용과 함께 기혈을 순환시키는 작용이 있어 일반적으로 감기몸살 및 기혈의 순환장애로 발생하는 다양한 증상 등의 병증에 사용된다. 짠맛(鹹味)의 경우 딱딱한 것을 부드럽게 만들고 해열, 진정 등의 작용과 함께 체내의 각종 종괴(腫塊) 및 소변불리(小便不利) 등의 치료에 사용된다.

이처럼 대부분의 약선은 몸을 보(補)하는 기능은 물론 치료작용을 갖고 있어 원활한 신진대사는 물론 양생의 목적에 도달할 수 있도록 돕는 기능을 한다.

2. 음식재료의 속성별 분류

동양의학(東洋醫學) 이론의 기본인 음양오행(陰陽五行) 이론에 입각해서 약선요리를 이해할 때 가장 핵심이 되는 것은 각종 약물과 음식재료의 약성(藥性)과 맛(味)이라 할 수 있다.

약성(藥性)은 차가운 성질(寒), 서늘한 성질(凉), 뜨거운 성질(熱), 따뜻한 성질(溫) 그리고 차갑지도 덥지도 않은 중간 성질(平) 등 다섯 가지로 분류된다.

맛(味)은 우리가 음식을 섭취하면서 느끼는 신맛(酸)·쓴맛(苦)·단맛(甘)·매운맛(辛)·짠맛(鹹) 등이다. 오장육부에 맞게 사용되어 각각의 장기를 활성화시키거나 또는 지나치게 섭취하면 해를 끼치기도 하는데 이를 동양철학에서는 상생(相生)상극(相剋)의 관계라 한다.

다음은 일상생활에서 상용되는 각종 음식재료를 동양의학(東洋醫學)적 관점에서 약성(藥性)을 표로 나타내었다.

종류	온(溫)·열성(熱性)	한(寒)·량성(凉性)	평성(平性)
곡식 및 식물성 유지류	남방 소맥, 수수, 콩기름, 찹쌀, 땅콩(기름), 들깨	좁쌀, 북방 소맥, 메밀, 참기름, 보리, 조, 율무, 흑미, 현미	쌀, 검은깨, 옥수수, 고구마, 녹말가루, 참깨, 밀가루, 흰팥, 해바라기씨
두류	작두콩(刀豆), 편두(불콩), 두시(약전국), 유부, 낫또	녹두, 두부, 숙주나물, 까치콩, 비지, 두유,	팥, 강낭콩, 누에콩, 완두, 강두(豇豆), 흑두(黑豆), 황두(黃豆), 콩나물, 두부피(豆腐皮), 가지콩,
야채류, 채소 등	부추, 갓, 마늘, 양파, 고추, 달래, 향채, 파, 산파, 호박, 순무, 무말랭이, 생강, 무채, 두릅나무의 싹, 참마, 유채꽃, 당근, 산달래, 피망, 홍화, 쑥, 고추냉이	비름나물, 시금치, 넘나물(金針菜), 사탕무우, 감국잎(馬蘭頭), 가지, 버섯(蘑菇), 송이버섯, 백합, 고사리, 씀바귀, 죽순, 유채, 냉이, 양배추, 우엉, 순채, 토란줄기, 죽순, 상추, 배추, 브로콜리, 마카로니, 백합뿌리, 오이	남새, 참죽나무, 쑥갓, 무청, 토란, 표고버섯, 목이버섯, 흰참나무 버섯, 마, 감자, 무씨, 팽이버섯, 표고버섯, 쑥갓, 미나리, 두릅나무, 연근
가금류, 육류 등	닭, 닭간,꿩, 참새, 돼지 내장, 돼지 간, 양고기, 양 내장, 사슴고기, 사슴 생식기(鹿鞭), 개고기, 곰, 큰 구렁이, 염소, 소고기	오리 알, 거위, 돼지고기,돼지 머리, 돼지껍질, 말고기, 양간, 토끼고기, 개구리, 지렁이	오리, 계란, 메추리(알), 비둘기(알), 족발, 멧돼지고기, 꿀, 로열제리, 제비집, 돼지 심장
수산물류	해삼, 섭조개, 조기, 연어, 연어알, 갈치, 양어장의 물고기, 농어, 산천어, 송어, 육개장, 대하, 옥돔, 새우, 굴, 전갱이, 말린 청어알, 가다랭이, 말린 멸치, 갯가재, 치어(정어리,은어,뱅어 등), 도미, 망둥이, 복어, 참치, 왕우럭조개	게, 대합(무명조개), 맛조개, 뱀장어, 우렁이, 마합(방(蚌), 가물치, 김, 다시마, 다슬기, 장어, 올방개, 파래, 모시조개, 오징어, 정어리, 한천, 미꾸라지, 갯장어, 멍게	해파리, 상어, 고등어, 웅어, 쥐치, 은어, 넙치, 가자미, 병어, 건어, 붕어, 철갑상어, 전어, 쏘가리, 숭어, 농어, 남생이, 자라, 잉어, 청어,피조개, 붕장어, 은어, 전복,가자미, 문어, 소라, 꽁치, 가막조개, 톳, 함박조개, 미역
과실류	소귀나무 열매(楊梅), 금귤, 여지, 호두, 산사, 밤, 잣, 복숭아, 빈랑, 호박, 살구, 앵두, 석류, 용안육, 대추, 자두, 여지, 매실장아찌, 모과, 서양자두, 사과	사탕수수, 바나나, 감, 홍귤, 배, 오디, 율무, 수박, 동과, 수세미, 참외, 망고, 사과, 키위, 유자, 딸기, 레몬, 오렌지, 자두, 파인애플, 밀감, 메론	은행, 비자, 올리브, 포도, 검실, 연밥, 비파, 야자, 무화과, 개암, 호박씨, 매실, 자몽, 피넛, 머위, 곶감
조미료 · 음료 · 술 · 음식	생강, 흑설탕, 물엿, 식혜, 식초, 정향, 회향, 팔각회향, 산초나무 열매, 후추, 계피, 연꽃, 해당화, 모리화, 계화, 양유(羊乳), 온천수, 술, 겨자, 흑설탕, 술지게미, 자소, 소주, 소세지, 된장, 와인	식염, 차잎, 유칼리유, 국화, 장미꽃, 마유(馬乳), 위스키, 홍차, 얼음사탕, 커피, 소금, 박하, 당면, 맥주, 요구르트	백설탕, 금은화 추출물, 코코아, 광천수, 우동, 쌀식초, 간장

3. 약죽의 치료작용

죽의 양생 및 치료작용은 지속적으로 사람들의 관심을 받아왔다. 이미 단순한 구황음식의 개념을 넘어 질병을 예방·치료하는 중요 수단으로 사용되고 있으며 질병의 예방과 치료, 면역력 증강, 장수를 위한 음식 등으로 일정한 역할을 하고 있다. 특히 약죽은 일반적인 죽을 기본으로 발전된 식이요법으로 죽의 효능은 다음과 같다.

(1) 구황음식

죽을 아침식 대용의 주식으로 할 수 있다. 특히 기아상태에 있던 시대와 지역에서 죽은 주식의 역할을 해왔다.

(2) 소화기계의 조절

동양의학에서 비위(소화기계)는 인간의 후천적인 기(氣)에 있어서 핵심적인 역할을 하는 장부이다. 소화기계가 역할을 원활하게 잘 조절하는 것은 건강을 위한 관건이라 할 수 있다. 그런데 쌀이 완전히 물러진 상태의 죽은 인체의 위와 장에 쉽게 흡수된다. 따라서 죽(粥)은 노인, 모유가 부족한 유아, 환자의 몸 조리 등에서 유리한 역할을 한다. 또한 발열, 구토, 설사, 식욕부진, 소화불량 등 위장의 기능이 저하되는 경우에도 위장의 부담을 줄이면서 가장 쉽게 소화·흡수 시킬 수 있는 음식이다.

(3) 수분의 보충

죽은 다량의 수분을 함유하고 있어 인체의 수분 부족을 해결할 수 있다. 고온에서 인체는 땀을 통해 체온을 조절하고 인체가 고온 상황에 놓이게 되면 위장이 연동운동 기능은 하강하고 소화액 분비 역시 감소하게 된다. 또한 소변이 농축되면서 심한 갈증을 유발시키는데 이때 죽은 수분을 보충시키며 소화를 촉진시키는 역할도 한다.

(4) 질병 예방

죽이 질병을 예방하는 것은 이미 고대부터 많은 기록이 존재한다. 예를 들면, 쌀겨죽은 각기병을 치료하고, 당근죽은 고혈압을 예방하며, 옥수수죽은 심혈관 질병을 예방하고, 산사죽은 고지혈증과 관상동맥질환을 예방하고, 녹두죽은 더위를 예방한다. 그러므로 약죽은 인체에 필요한 영양성분을 충족시키고 동시에 인체의 면역력을 증강시켜 질병 혹은 합병증을 예방하는 작용을 한다.

(5) 급성질병 치료의 보조

고대의 많은 의서에서 약죽은 급성질병의 치료효과를 제고시킨다. 《태평성혜방(太平聖惠方)》에 기록된 발한시죽(發汗豉粥)은 중풍, 고열, 두통 시의 약죽 처방이며, 《성제총록(聖濟總錄)》의 죽엽죽(竹葉粥)은 등쪽에 생기는 큰 종기와 제반 열독으로 인해 몸이 붓는 증상 등의 치료에 사용되는 중요한 약죽이다. 약죽은 급성질병 치료에 단독으로 사용되거나 또는 보조적 치료법으로 사용되어 왔다.

(6) 질병 치료 후 또는 산모의 몸조리

환자 또는 산모는 음양기혈의 불균형으로 전신의 기능이 감퇴하며 위장기능도 약해져 자연스레 식욕부진과 소화력도 떨어지게 된다. 이때 약죽은 영양과 소화력을 제고시키는 최고의 에너지원이 될 수 있다. 청나라시대의 왕맹영(王孟英)의 《수식거음식보(隨息居飮食譜)》에는 "죽(粥)은 환자와 산모 양생에 가장 적합한 음식이다(病人産後,粥養最宜)"라고 하면서 몇 가지 예를 들었다. 고열의 환자는 몸속의 진액이 손상되는데 이때 고열은 해소시키면서 진액을 생성시킬 수 있는 한약재 중 신선한 갈대뿌리 또는 사탕수수로 만든 죽 등의 섭취로 해결할 수 있다. 또한 산모 체질이 허약하고 오로(惡露)가 깨끗하게 제거되지 않고 모유가 부족할 때 돼지족발죽이나 상추죽을 섭취할 수 있다. 혹은 익모초죽는 자궁이 회복되는 것을 촉진시킬 수 있다.

(7) 만성병 환자의 몸조리

만성병 환자는 약물치료와 장기간 약죽을 사용할 경우 치료효과를 배가시킬 수 있다.

(8) 장수

인삼(人蔘), 황기(黃芪), 산약(山藥), 황정(黃精), 구기자(枸杞子), 하수오(何首烏), 육종용(肉蓯蓉) 등 한약재를 약죽의 원료로 사용할 경우 신체를 강건하게 만들면서 항노화 작용 등으로 장수할 수 있다. 또한 산사는 고지혈증과 고혈압을 예방하며, 백자인은 변비의 치료 및 예방에 탁월한 효과가 있다. 위의 재료들을 장기간 약죽의 원료로 사용할 경우 신체의 면역력 제고, 고지혈증 예방, 항노화 효과를 가져올 수 있다. 따라서 송나라의 시인 육유(陸游)는 다음과 같은 시를 남겼다.

世 人 個 個 學 長 年 (세상 사람들은 모두 장수를 바라지만)
不 知 長 年 在 目 前 (그것이 눈앞에 있음을 모른다.)
我 得 宛 丘 平 易 法 (간단하고 좋은 방법을 알고 있으니,)
只 將 食 粥 致 神 仙 (그저 죽을 먹으면 신선이 된다는 것을.)

-- 陸游(1125~1210, 南宋)

이상과 같이 예로부터 우리는 죽의 효용 범위가 넓었다는 것을 알 수 있다. 죽은 질병의 예방과 치료작용을 겸비하고 있으며 급·만성질병에 적절히 선택 복용하여 이상적인 효과를 얻을 수 있다.

5장 약죽의 제조

1. 제조방법

(1) 쌀과 재료를 같이 끓임

쌀과 재료를 같이 끓이는 방법으로 이때 고온에서 재료의 유효성분이 파괴되지 않도록 하는 것이 중요하다. 일반적으로 상용하는 한약재는 대추, 용안육, 백합, 호두, 배, 밤, 양고기, 닭고기 등이 있다.

(2) 쌀과 원재료인 액체를 같이 끓임

쌀과 같이 끓일 수 있는 액체 재료는 우유, 양유, 사탕수수즙, 꿀 등이 있다.
영양성분의 파괴로 우유는 마지막에 넣어서 저어주거나, 꿀 등은 한소끔 끓인다.

(3) 약재를 먼저 달인 뒤 죽 만들기

약죽을 장시간 끓여야 될 경우에는 재료인 약을 먼저 달여 낸 약즙에 쌀을 넣어 죽을 만든다.

(4) 쌀과 약즙을 같이 끓임

한약재를 달이면서 동시에 쌀을 이용한 죽을 만든다. 이때 약을 달여 취한 약즙을 쌀죽에 희석시켜 만든다. 예를 들면, 황기죽, 인삼죽, 맥문동죽 등이 있다.

(5) 죽에 약재 분말을 첨가하는 방법

쌀죽을 만든 뒤 각종 약재 분말을 넣어서 만드는 방법이다. 예를 들면, 연밥분말, 검실분말, 복령분말, 백합분말 등이 있다.

2. 제조시 주의사항

(1) 물

물의 질이 좋고 나쁨은 죽의 품질에 직접적인 영향을 미친다. 따라서 깨끗한 최고 수질의 물을 사용해야 한다. 일반 요리서에 의하면 물의 분량은 쌀 부피 기준으로 5~7배가 많았으나, 죽 조리에 관련된 연구논문에서는 쌀 중량 기준의 7~9배의 물량을 제시하고 있다. 그리고 물의 양, 죽의 종류, 열원에 따른 불의 세기, 조리 용기의 종류나 크기, 곡류의 불린 상태 등에 따라 달라질 수 있다.

(2) 용기

뚝배기, 법랑 냄비, 스테인리스 스틸 냄비가 좋으며 철기나 특히 알루미늄 용기는 좋지 않다. 최근에는 자동세척 기능이 있는 다목적용 죽 제조기도 많이 사용되고 있다. 죽 제조기 사용 시 물의 양은 쌀 중량의 6배 정도이며, 마쇄작용이 있어 고운 죽이나 미음 등도 3~4인분의 제조가 가능하다.

(3) 불

불의 세기와 적정시간을 판단하는 것은 죽을 만드는 데 있어 가장 중요한 요소 중 하나이다. 청나라시대 조정동(曹庭棟)은 《죽보(粥譜)》에서 "죽을 끓이는 것은 재료가 물러지는 것을 기준으로 삼는다. 불의 세기가 부족하거나 지나치면 죽의 향기와 맛이 부족해진다."고 강조하고 있다. 일반적으로 먼저 센 불을 이용해 물이 끓기 시작한 뒤 약 불로 줄여 죽을 끓인다. 즉 먼저 물이 끓은 상태에서 쌀을 넣고 끓이되 쌀이 속부터 겉까지 물러지도록 하면 죽이 솥에 눌러붙을 염려도 없고 맛과 향도 최적의 상태를 유지시킬 수 있다. 동시에 중요한 것은 죽을 끓이는 도중에 불을 끄거나 또는 물을 더하게 되면 죽의 농도와 맛이 달라질 수 있다.

그 외에도 죽에 간을 맞출 때는 곡물이 완전히 물러지고 퍼진 후에 아주 약하게 한다. 그리고 먹는 사람의 기호에 따라 간장, 소금, 흑설탕, 설탕, 꿀 등으로 하는데 이 책에서는 설탕 대신 여러 생리기능성이 있는 알룰로스로 대체한다.

(4) 도량형

일반적으로 한약재의 경우 신선한 약재를 사용할 경우에는 건조한 약재의 두 배 중량을 사용한다. 대추는 1개를 3g으로 환산하였다.

6장 죽과 공간

1. 죽과 자연과 사람

죽은 어디에서 오는가? 죽을 만드는 갖가지 재료는 공기와 햇빛과 바람으로 대표되는 우주의 정기를 받아 산과 들과 물로 이루어진 대지에서 태어나 성장한다. 그러므로 죽에는 대우주(大宇宙)인 자연환경의 정령이 내포되어 있으며, 죽을 먹는 행위는 소우주(小宇宙)인 사람이 그것들과 밀접하게 호흡하는 일이다.

예로부터 내려온 삼재사상(三才思想)은 하늘(天)과 땅(地)과 사람(人)의 관계가 매우 중요함을 역설하고 있다. 그 중에서도 천지인 합일사상(天地人 合一思想)은 하늘과 땅과 사람은 그 뿌리가 같고 서로 영향을 주고받는 관계임을 말한다.

즉 자연과 사람을 구성하는 원소는 서로 다르지 않으며, 자연의 영향을 받아 사람의 몸체가 형성되었다고 말한다. 흔히 사용하는 신토불이(身土不二)라는 말 속에도 같은 의미가 내포되어 있다고 할 수 있다.

그런 관점에서 자연계의 산과 들과 물에서 생산된 죽의 재료는 같은 곳에서 태어난 인체의 부족한 부분을 채워주는 보약이 될 수 있는 것이다. 덧붙여 죽이란 산에서 자란 나무가 제 몸을 태운 불로 들에서 자란 곡식의 가슴을 녹임으로써 만들어지는 것이다. 그러므로 죽에는 자연이 사람에게 전하는 자비와 희생이 깃들어 있다.

▲ 죽과 사람이 태어난 대우주 공간인 자연

▲ 어머니 마음과 같이 편안한 죽

2. 죽과 공간의 만남

죽은 '곡식을 물에 오래 끓여 알갱이를 무르게 만든 음식'이다. 그리고 대우주 공간인 땅에서 자란 곡물들이 중우주 공간인 주택으로 들어와 아궁이의 불과 사람의 정성을 만나 모양을 변화시킨 것이다. 곡(穀)과 불(火)과 혼(魂)의 만남이 죽을 만들었다고 할 수 있다.

죽의 재료는 주택의 마당을 거쳐 들어와 부엌에서 다듬어져 솥에 넣어 끓여지며, 완성된 죽은 마루를 통해 방으로 옮겨져 소우주인 사람의 몸 속에서 소멸한다. 이렇듯 죽은 대우주인 대지, 중우주인 주택, 소우주인 인체 공간에 차례로 담긴 후, 마지막으로 그 죽을 만들고 먹은 사람의 기억 속에 남겨져 전통적 문화로 계승된다.

죽이 주택을 만나면 인체를 위한 효험이 증가한다. 죽은 인간의 몸을 안에서부터 밖으로 덥히고, 방바닥은 인간의 몸을 밖에서부터 안으로 데운다. 그러면 온몸이 따뜻하게 되고 죽의 약효 성분이 살아나 아픈 몸이 치유된다. 말하자면 죽과 집이 하나가 되어 인체를 보양하는 것이며, 사람을 위한 식(食)과 주(住)의 상보적 만남이라고 할 수 있다.

▲ 죽을 만들고 담는 중우주 공간인 주택

▲ 사각 방바닥에 놓인 둥근 죽그릇

3. 죽의 공간적 의미

죽은 재료의 종류와 가공방법 그리고 끓이는 방법에 따라 미음·응이·원미죽·암죽 등으로 분류된다. 간단한 음식인 듯하지만 이렇게 유형이 많은 것은 먹는 사람의 몸과 마음 상태를 세심하게 고려해 끓여내기 때문이다.

죽은 건강한 사람이 주식 또는 별식으로도 먹었지만, 주로 몸이 아픈 환자나 쇠약해진 노인 그리고 제대로 몸을 가누지 못하는 사람들에게 끓여주던 간편 음식이다. 그런 의미에서 죽은 애정의 음식, 배려의 음식이라고 할 수 있다.

죽은 따듯하고 부드럽고 매끄럽다. 그래서 마치 어머니 몸 속(아기집) 같은 원초적이고 우주적인 공간의 맛이 느껴진다. 본래 우리의 몸은 어머니 체내에서 생성되어 밖으로 나왔다. 그렇기에 삶을 살아가다가 몸이 허약해지거나 상처를 입었을 때, 죽은 마치 어머니가 자식을 보살피는 것처럼 우리 신체기능을 보완하고 마음을 다스려 줄 수 있는 것이다. 죽이란 마치 어머니 몸 속 공간과 같이 편안한 느낌을 주는 음식이다.

4. 죽과 공간의 미학

전통적으로 죽은 부엌의 부뚜막이나 마당의 화덕에서 끓이는 경우가 많았다. 잔 가지와 마른 풀을 이용해 불을 피우고, 타지 않도록 주걱으로 휘휘 저으며 만들었다. 죽은 솥의 둥근 공간 안에서 이리저리 쓸려다니며 열기와 함께 독특한 에너지를 뿜어낸다. 어쩌면 죽의 신비로운 효험은 그럴 때 생겨나는 것인지도 모르겠다.

완성된 죽은 사람의 몸속으로 들어가기까지 다양한 공간을 거치며 합체와 분리를 반복하며, 미학적 풍경을 만들어낸다. 먼저 재래식 부엌의 어두컴컴한 부뚜막에 놓인 희끗희끗한 죽그릇은 향수를 자극한다. 널빤지 틈새로 들어온 맑은 햇살이 담긴 죽 표면은 눈부시게 아름답다. 그리고 사각 바닥의 둥근 솥에서 끓인 죽이 팔각 소반 위의 둥근 그릇에 담긴 후, 김으로 변해 모락모락 하늘로 올라가는 풍경은 신비롭기까지 하다. 땅과 하늘을 이어주는 매개체 같기 때문이다.

방을 향하여 부엌문을 나서는 죽의 정경에서는 끓인 사람의 뿌듯함과 기대감이 묻어난다. 고택 안방에 둥근 죽그릇을 들여놓고 가만히 바라보면 하늘은 둥글고 땅은 네모지다(천원지방(天圓地方)는 사상을 느낄 수 있다. 식탁 위에 차려진 죽은 숟가락과 양념종지와 장식물이 조화를 이루어 한 점의 회화 같은 느낌을 준다. 이렇듯 '죽이 함께 있는 공간 풍경'은 물성에 대한 사람의 감각과 감성을 일깨우기도 한다.

▲ 방을 향해 부엌문을 나서는 죽의 정경

▲ 맑은 햇살이 죽 표면을 비추는 풍경

7장 약죽 섭취 시 주의사항

약죽은 일반적으로 공복에 섭취한다. 조식과 저녁 또는 간식일지라도 1일 2회로 엄격하게 구분해서 섭취할 필요는 없다. 또한 보약의 개념으로 섭취하는 약죽의 경우 장시간 섭취해야 하며, 치료 목적의 약죽은 완치 후 중지하면 된다.

약죽은 반드시 따뜻하게 섭취해야 하며 차가운 죽은 복통과 위장의 불편함을 유발할 수 있다. 아울러 지나치게 뜨거운 죽은 식도 점막에 손상을 초래할 수 있으므로 적당히 따뜻한 상태를 유지하는 것이 중요하다. 그리고 "사람이 죽을 기다리더라도 죽이 사람을 기다려서는 안된다."고 할만큼 죽은 만들어서 바로 따뜻하게 섭취하는 것이 좋다.

건강과 맛으로 먹는 **약죽**

제 **2** 부

각 론

1장 병증 예방 및 치료 약죽(藥粥) (88종)

1. 고혈압

고혈압은 중·노년층에서 많이 발생하는 일종의 만성질환으로 심뇌혈관질환에서 가장 위험한 요인 중 하나다. 고혈압은 중추신경계와 내분비조절 기능의 교란으로 인해 발생하는 전신성 만성혈관성 질병으로 주로 심장, 뇌, 신장 등의 장기에 손상을 초래한다.

고혈압의 일반적인 조기 증상은 두통, 불면증, 건망증, 이명 등과 함께 조급하고 답답해하는 심리상태가 빈발한다.

고혈압의 치료를 위해서는 약물요법 이외에 합리적인 식습관은 물론 지방, 콜레스테롤, 짠 음식 및 고열량 음식 등에 대한 적절한 조절이 필요하다.

고혈압 환자는 가능하면 콩기름, 땅콩기름, 유채유, 참기름 등 식물성 기름을 사용하고 동물성 지방은 제한해야 한다. 또한 적합한 음식으로는 요구르트, 수산물 등과 함께 토마토, 시금치, 유채, 배추, 상추, 귤, 대추, 레몬 등 비타민 C가 풍부하게 함유된 식품을 섭취하는 것이 좋다. 이밖에 미나리, 당근, 올방개, 오이, 바나나, 수박 등은 혈압강하와 고지혈증(高脂血症) 해소에 유리하며 전분, 좁쌀, 수수, 메밀, 두류(豆類) 및 가공품은 복합당류(複合糖類)로서 단당류(單糖類) 보다 좋다.

고혈압 환자는 정제된 쌀과 면보다는 현미, 잡곡, 옥수수 등의 섭취가 좋으며 요리에 사용하는 당분도 정제당이나 백설탕보다는 흑설탕이나 꿀 등이 좋다.

이렇게 함으로써 신체에 필요한 크롬을 보충할 수 있을 뿐만 아니라 아연, 카드뮴 등의 비율을 개선시켜 동맥경화를 억제시키고, 카드뮴의 축적을 감소시켜 고혈압의 예방 및 치료에 유익하다.

고혈압 환자는 과식과 고열량의 식품(고지방, 고열량, 고콜레스테롤 식품)을 피해야 정상적인 체중과 혈압을 유지하는데 유리하다. 음주량은 하루 50ml이내로 제한해야 하며 알코올 함유량이 많은 술은 금해야 한다.

현대 의학의 연구에 의하면 염분의 과다 섭취는 특히 노인의 심혈관계와 혈액의 점도에 악영향을 미쳐 고혈압으로 인한 질병의 중요 요인이 될 수 있다. 따라서 일반적인 환자의 경우 혈압을 조절하기 위해서는 하루 염분 섭취량을 4g이하로 제한하는 것이 중요하다.

죽순산약죽

고혈압

재료

죽순 70g, 산약(마) 35g, 멥쌀 100g, 소금 3g, 물 800mL

조리법

1. 죽순과 마를 깨끗이 씻어 잘게 썬다. 멥쌀을 씻어 물에 1시간 담가 둔다.
2. 센 불을 이용해 멥쌀과 물이 끓기 시작하면 잘게 썬 죽순과 마를 넣고, 약한 불로 쌀이 물러질 때까지 끓인다.
3. 소금을 넣어 완성하고 산약으로 장식한다.

효능

심장의 기능 및 면역력 강화, 혈압 강하작용이 있다.

참고사항

죽순과 마를 먼저 찜통에서 찐 뒤 나머지 식재료를 넣어 죽을 완성하는 방법을 사용할 수도 있다. 죽순을 메밀국수나 만두 요리 등의 재료로 활용하면 고혈압, 고지혈증, 동맥경화 등의 질병 치료에 도움이 될 수 있다.

소고기홍시죽

고혈압

재료

소고기 100g, 홍시 2개, 멥쌀 100g, 물 700mL

조리법

01 소고기를 끓는 물에 살짝 데친 후 냄비에 나시 넣고 삶아 잘게 썰어 놓는다. 홍시는 씻어 꼭지와 껍질을 제거한 뒤 그릇에 넣고 으깬다.

02 멥쌀에 분량의 물을 냄비에 넣고 센 불로 끓여 물이 끓기 시작하면 약한 불로 줄여 소고기와 홍시를 넣고 걸죽하게 될 때까지 끓여서 완성한다.

효능

진액의 생성을 원활하게 돕고 폐기능을 활성화시켜 고혈압 치료에 도움이 될 수 있다. 심혈관계 질환 예방에 도움이 되는 홍시를 소고기와 배합해서 죽을 만들면 풍부한 비타민 C와 함께 몸속의 진액 생성을 돕고 폐 기능을 활성화시켜 담을 제거하는데 도움이 될 뿐만 아니라 소화기계를 튼튼하게 할 수 있다.

참고사항

홍시는 반드시 껍질을 제거해야 한다. 홍시의 껍질에는 탄닌을 많이 함유하고 있어 위장장애 등의 부작용을 유발시킬 수 있다.

사과바나나죽

고혈압

재료

사과 1개, 바나나 2개, 멥쌀 100g, 물 700mL

조리법

01 바나나와 사과 껍질을 제거한 뒤 작은 크기로 썬다. 멥쌀도 씻어 물에 1시간 담가둔다.

02 멥쌀에 분량의 물을 넣고 센 불로 끓인다. 물이 끓기 시작하면 약한 불로 줄여 멥쌀이 물러질 때까지 끓인다.

03 잘게 썬 바나나와 사과를 넣어 한소끔 끓여서 완성한다.

효능

원활한 배변과 이뇨작용으로 혈압강하에 도움이 된다. 특히 나트륨의 과다섭취는 고혈압과 함께 각종 심혈관계 질환의 원인 중 하나인데 바나나의 풍부한 칼륨은 나트륨을 배출시키는 작용이 있어 혈압강하에 효과적이다.

참고사항

과일을 첨가할 경우 죽을 끓이는 시간이 지나치게 길면 죽이 갈변하는 것에 주의해야 한다. 또한 바나나와 사과를 갈아서 사용할 경우 죽의 풍미를 더해줄 수 있다. 하지만 덜 익은 바나나는 탄닌을 함유하고 있어 위산분비 및 위장의 연동운동을 억제시켜 변비를 초래할 수도 있다.

산사대추죽

고혈압

재료

멥쌀 100g, 산사 50g, 대추 30g,
흑설탕 10g, 물 900mL

조리법

1 멥쌀, 대추, 산사를 깨끗이 씻고 대추와 산사는 씨를 제거한 후 잘게 썬다.

2 멥쌀, 물, 대추를 함께 냄비에 넣고 끓인다.

3 대추가 익은 뒤 산사를 넣고 끓이다가 흑설탕을 넣고 한소끔 끓여 완성한다.

효능

고지혈증을 치료하고 소화를 촉진시켜 혈압강하에 도움을 준다. 대추는 간 기능과 소화기계의 기능을 강화시켜 소화를 촉진시킨다. 산사는 지방분해효소를 함유하고 있어 지방을 함유한 음식물의 소화를 촉진시키는 효능이 탁월하다. 따라서 대추와 산사의 배합은 고지혈증의 개선은 물론 소화를 촉진시키는 탁월한 효능을 발휘할 수 있다.

참고사항

대추는 과식할 경우 소화기계에 영향을 줘서 복부에 가스가 생기거나 변비를 유발시킬 수 있다. 하지만 적당량의 대추와 산사를 잘게 썰어 배합하면 소화를 촉진시킬 뿐만 아니라 식감도 좋으며 단맛과 신맛의 조화가 잘 어울린다.

연밥고구마죽

고혈압

재료

고구마 50g, 찹쌀 100g, 대추 25g, 연밥, 팥, 강낭콩 각 15g, 꿀 20g 또는 소금 3g, 물 1200mL

조리법

01 찹쌀은 물에 1시간 담그고, 팥은 한번 끓여 물을 버리고 다시 삶는다. 연밥, 강낭콩, 대추를 각각 깨끗이 씻고 고구마는 껍질을 제거한 뒤 잘게 썬다.

02 위의 재료를 동시에 냄비 또는 죽 제조기에 넣고 분량의 물을 넣어 끓인다.

03 기호에 따라 꿀이나 소금을 넣어서 완성한다.

효능

심신 안정과 면역력 증강에 도움을 주고 원활한 배변활동을 돕는다. 따라서 고혈압으로 인한 불면증, 가슴이 두근거리고 답답한 증상, 두통 등의 증상에 유익하다. 또한 소화기계가 허약해서 차가운 음식을 먹으면 자주 설사하는 사람 등에게 유익하다.

참고사항

조리 시간을 단축하기 위해 연밥을 깨끗이 씻어 그릇에 넣은 뒤 적당량의 설탕을 넣어서 찜통에 넣고 찐다. 찐 연밥을 이용해서 죽을 만들면 시간을 단축시킬 수 있다.

미역녹두죽

고혈압

재료

미역 50g, 녹두 50g, 멥쌀 100g, 알룰로스 6g, 물 1200mL

조리법

1 미역을 깨끗이 씻은 뒤 잘게 썬다. 녹두를 깨끗이 씻어 물에 1시간 담근 뒤 끓는 물에 넣고 10분간 삶는다.

2 분량의 물에 멥쌀과 녹두를 넣고 약한 불로 40분 정도 끓인다.

3 미역을 넣고 점성이 느껴질 때까지 끓여 완성한다.

효능

고지혈증 및 고혈압 치료에 도움을 준다. 혈압강하에 효능이 있는 알긴산나트륨이 풍부한 미역과 녹두의 배합으로 고지혈증과 고혈압 치료에 유용하게 사용될 수 있다.

참고사항

미역의 영양과 맛을 극대화시키기 위해 죽이 70%쯤 완성되었을 때 미역을 넣는 것이 중요하다. 미역은 장복할 경우 고혈압과 고지혈증 개선은 물론 요오드 부족으로 인한 갑상선종 및 동맥경화 예방에 효과적이다.

2. 당뇨병

당뇨병은 대표적인 내분비대사성질환으로 약물치료와 엄격한 식이요법이 요구된다. 당뇨병은 인슐린의 상대적 혹은 절대적 결핍 또는 부족으로 인한 만성 대사성질환이다. 전세계적으로 생활수준의 향상과 인구의 노령화가 급속도로 진행되면서 당뇨병의 발병률도 급속한 증가세를 보이고 있다. 특히 당질 섭취를 조절하지 못할 경우 병증은 급속히 위중해질 수 있는데 특히 당뇨병 환자의 경우 음식에 특별한 주의를 요한다. 합리적이고 양호한 식습관은 당뇨병의 악화를 방지하며 비교적 초기 당뇨병 환자인 경우 약물치료보다 식이요법(食餌療法)이 더욱 중요하다.

초기 당뇨병 환자가 음식조절에 성공할 경우 정기(正氣)를 보(補)함으로써 신체의 면역기능을 증강시켜 각종 질병으로부터의 저항력을 증강시키며, 합병증의 발생을 예방할 수 있다.

당뇨병 환자는 1일 총열량을 조절해야 하는데 이는 환자의 체중과 표준 체중 및 병의 정도를 근거로 산출한다. 즉 병이 중하고 비만환자(성인)일 경우 하루에 500kcal정도 추가 감소시킨다. 몸이 마른편인 환자는 하루의 총열량을 높여야 한다. 총열량을 조절한다는 전제하에 탄수화물, 단백질 그리고 지방 등의 섭취량간에는 적당한 비율을 유지시켜야 한다. 아동, 임신부, 수유자, 마른 사람 혹은 소모성 질환을 앓고 있는 사람의 경우 단백질의 비율을 적당히 증가시켜야 한다. 특히 마른체형의 환자는 지방의 섭취량을 적당히 증가시켜야 한다.

당뇨병 환자는 저지방 음식, 달지 않은 음식 및 염분이 적은 음식을 섭취함으로써 체중, 혈당, 혈압, 고지혈 및 혈액의 점도 등을 낮출 수 있다.

당뇨병 환자가 과일을 섭취할 경우는 환자 본인의 상황과 과일의 당질량을 고려해서 적당한 과일을 섭취해야 한다. 만약 당뇨병의 혈당, 뇨당이 아직 조절되지 않고 높은 상태에서는 과일을 섭취하지 않는 것이 좋다. 중증(重症)일 경우 과일을 많이 섭취하면 상황을 악화시킬 수 있다. 만약 평소 환자가 과일을 좋아하고 또한 병의 상황이 비교적 잘 조절되고 있을 경우 적당량의 과일 섭취는 가능하다. 또한 과일을 식사하기 1시간 전에 섭취하면 과일 속의 과당이 음식과 완충작용을 하므로 유리하다.

당뇨병 환자는 소금을 철저히 제한해야 한다. 많은 연구 결과에서 염분은 전분효소의 활성을 증가시키고 소장의 포도당 흡수작용을 촉진시켜 혈중 당의 농도를 증가시킴으로써 병을 중하게 만들 수 있기 때문이다. 만약 장기간 과다한 염분을 섭취했을 경우 고혈압으로 이어질 수 있고 이는 당뇨병과 심혈관계 질환의 합병증을 가속화시킬 수 있는 요인이 된다. 따라서 당뇨병 환자는 반드시 염분 섭취량을 조절하며 일반적으로 1일 5g 이하를 권장하고 있다.

음주와 흡연 역시 당뇨병 환자가 금기해야 할 부분인데 장기간 음주를 즐긴 사람의 경우 당뇨병은 여러 방면에 영향을 미치게 된다. 과음은 고지혈을 유발시키고 또한 영양 결핍을 초래하기도 하며 간장에 악영향을 초래해서 다양한 합병증을 유발시켜 당뇨병을 제어할 수 없게 만든다. 당뇨병 환자에게 보리, 호박, 현미, 욱이인 등을 식재료로 활용한 담백한 맛 위주의 약죽은 혈당을 안정시키는데 도움이 될 수 있다. 합리적이고 과학적인 식습관이 당뇨병 치료의 지름길임을 명심할 필요가 있다.

보리동부콩죽

당뇨병

재료

보리 100g, 동부콩 50g, 흑설탕 10g, 물 1200mL

조리법

1 보리와 동부콩을 깨끗이 씻어 온수에 1시간 담가둔다.

2 보리와 동부콩을 센 불로 끓여 물이 끓기 시작하면 약한 불로 줄이고 보리가 냄비에 눌러붙지 않도록 계속 저어준다.

3 보리가 충분히 물러지고 동부콩이 익으면 기호에 따라 흑설탕을 넣어 완성한다.

효능

기혈의 순환을 원활하게 하고 췌장의 기능을 촉진시켜 당뇨병, 빈뇨, 몽정 등의 질환 치료에 도움이 될 수 있다.

참고사항

위의 재료에 호두, 대추, 팥 등을 넣어서 만들면 영양과 맛이 더욱 풍부하고 식이요법의 효과도 제고시킬 수 있다. 보리는 유즙이 분비를 감소시킬 수 있으므로 임신 또는 수유 중인 산모에게는 주의해서 사용한다.

고구마흑미죽

당뇨병

재료

고구마 250g, 흑미 100g, 알룰로스 3g, 물 1200mL

조리법

1 고구마는 깨끗이 씻어 껍질을 제거한 뒤 잘게 썬다. 흑미는 깨끗이 씻어 물에 1시간 담가 둔다.

2 흑미를 넣고 센 불에 끓여 물이 끓어오를 때 고구마를 넣고 약한 불로 줄여 걸쭉해질 때까지 끓인다.

3 기호에 따라 적량의 알룰로스를 넣어 완성한다.

효능

혈당조절에 도움을 준다. 고구마는 혈당을 안정적으로 유지시키는 작용으로 당뇨병의 예방 및 치료에 일정한 도움을 줄 수 있다. 흑미는 탈모, 빈혈, 간기능 저하 등에 일정한 치료작용이 있다.

참고사항

위의 죽에 석낭량의 멥쌀을 더할 경우 입맛을 돋우고 면역력을 증강시켜 해산 후 허약해진 산모에게 좋은 약선죽이다. 흑미는 충분히 익혀 물러지도록 만들지 않으면 영양분이 충분히 용출되지 못할 뿐만 아니라 과식할 경우 급성위장염을 초래할 수도 있으므로 주의해야 한다.

우유호박죽

당뇨병

재료

호박 300g, 우유 200mL, 찹쌀가루 40g, 물 400mL

조리법

01 호박을 깨끗이 씻어 잘게 썬 뒤 찜솥에 넣고 찐다.

02 호박을 냄비에 넣고 찹쌀가루와 물 400mL를 넣어 끓인다.

03 우유를 넣어 저어서 완성한다.

효능

신진대사를 원활하게 하는 진액의 생성으로 갈증을 멈추게 해주며, 동시에 소화기계의 기능증진으로 면역력 증강에 도움이 될 수 있다. 우유와 호박의 배합은 단백질과 비타민이 풍부하여 면역력 증강에 도움이 될 수 있다. 특히 당뇨병, 고혈압, 위점막궤양 환자 등의 식이요법으로 적당하다. 또한 시력보호 및 윤택한 피부를 원하는 모든 연령층에게 건강식품으로 사용될 수 있다

참고사항

우유로 죽을 끓일 때 반드시 우유 넣는 온도와 시간에 주의해야 한다.
70℃에서 3분, 60℃에서 6분 정도의 가열이 적당하다.

황두호박죽

당뇨병

재료

황두 50g, 호박 120g, 현미 100g, 소금 3g, 물 1700mL

조리법

1 황두는 깨끗이 씻어 4시간, 현미는 물에 1시간 담가둔다. 호박은 껍질과 씨앗을 제거 후 잘게 썰어 놓는다.

2 황두를 물 500mL와 함께 중불로 부드럽게 물러질 때까지 삶은 뒤 현미, 호박, 물 1200mL를 넣고 센 불로 끓인다.

3 물이 끓기 시작할 때 약한 불로 줄여 콩과 호박이 완전히 익을 때까지 끓여 소금을 넣어 완성한다.

효능

혈당 및 콜레스테롤을 강하시켜 당뇨병 예방 및 치료에 도움을 줄 수 있다. 자주 복용할 경우 변비로 인한 배변활동 장애를 치료할 수 있다.

참고사항

콩은 불포화지방산을 함유하여 콜레스테롤 수치를 낮춰 혈액순환에 도움이 된다. 따라서 고혈압 환자는 평소 황두를 섭취하거나, 두유를 자주 마시면 혈압강하에 일정한 도움이 될 수 있다.

옥수수녹두죽

당뇨병

재료

녹두, 옥수수, 멥쌀 각 50g, 물 1300mL

조리법

01 옥수수를 씻어 6시간 동안 물에 담가둔다. 녹두를 씻어 물에 1시간 담가둔 뒤 먼저 500mL의 물에 30분 삶는다. 멥쌀은 깨끗이 씻어 물에 1시간 담가둔다.

02 800mL의 끓는 물에 옥수수를 넣은 뒤, 끓기 시작하면 멥쌀을 넣고 약한 불로 줄여 20분간 더 끓인다.

03 다시 녹두를 넣고 5분 정도 끓여 완성한다.

효능

혈당을 안정적으로 유지시켜준다. 녹두는 혈당을 강하시키는 작용이 있고, 옥수수는 혈당, 고지혈증을 강하시키면서 동시에 췌장의 기능을 촉진시키는 작용이 있다. 따라서 두 가지 재료는 당뇨병의 치료 및 예방에 도움을 줄 수 있다.

참고사항

옥수수 분말을 냉수에 넣고 걸죽한 상태로 만들어 천천히 냄비에 넣어 죽을 만들면 부드러운 맛과 함께 흡수율을 높일 수 있다. 옥수수는 비록 혈당강하 및 이뇨작용이 있지만 효능은 완만한 편이다. 따라서 당뇨병 환자가 혈당강하의 목적으로 섭취한다면 장복하는 것을 권한다.

토마토산약죽

당뇨병

재료

방울토마토, 멥쌀 각 100g, 산약(마) 20g, 산사 10g, 알룰로스 6g, 물 800mL

조리법

01 산약(마)의 껍질을 제거한 뒤 얇게 썰어둔다. 방울토마토는 2등분하고, 산사는 씨를 빼고 잘게 썰어둔다. 멥쌀은 깨끗이 씻어 물에 1시간 담가둔다.

02 멥쌀, 산약, 산사를 센 불을 이용해 물이 끓기 시작하면 약한 불로 줄여 30분 정도 더 끓인다.

03 방울토마토를 넣고 걸죽해진 상태에서 알룰로스를 넣어 완성한다.

효능

심신 안정과 면역력 증강에 도움을 주고 원활한 배변활동을 돕는다. 따라서 고혈압으로 인한 불면증, 가슴이 두근거리고 답답한 증상, 두통 등의 증상에 유익하다. 또한 소화기계가 허약해서 차가운 음식을 먹으면 자주 설사하는 사람 등에게 유익하다.

참고사항

토마토는 고온에서 장시간 가열하지 않는다. 죽이 거의 완성되었을 때 토마토를 넣는 것이 색과 비타민의 손실을 줄일 수 있다. 생토마토에 함유된 가용성 수렴제 성분은 위산과 결합하면 평소 몸이 차갑거나 차가운 음식에 과민반응을 보이는 사람 또는 생리 중인 여성들에게는 복부에 가스가 차거나 통증을 유발시킬 수 있으므로 주의해야 한다.

3. 고지혈증

고지혈증은 지방대사 이상으로 인해 혈장에 지질이 정상수준을 초과한 전신성 질환의 일종이다. 고지혈증은 동맥경화의 주요 원인중 하나로 약물치료로 일정한 효과를 볼 수는 있지만, 부작용이 없는 식이요법을 통해 치료와 예방조치를 권장하는 것이 일반적인 방법이다. 환자의 경우 평소 고지방 식품을 절제해야하며 특히 과량의 동물성 단백질 섭취에 주의해야 한다. 고지혈증 환자의 음식은 정상 체중을 유지할 수 있도록 해야 한다. 일반적으로 음식을 절제하면서 적당한 운동으로 체중을 줄임으로써 고지혈증을 개선시켜 나가야 한다. 뚜렷한 계획없이 굶는 방법으로 체중 및 고지혈증의 문제에 접근하는 것은 지양해야 한다. 고지혈증 환자에게 적합한 음식은 저열량의 담백한 채소위주로 육류를 약간 곁들이는 것이 좋다. 약선음식에서 다용하는 식재료는 목이버섯, 오이, 산사, 옥수수 등이 있으나 일반적으로 채소류에서는 곡물류(穀物類), 건과류(乾果類), 두류(豆類) 및 각종 콩 가공제품 등이 좋다. 육류로는 수산물 및 일부 동물의 살코기를 소량 섭취함으로써 단백질 등 필요한 영양소를 보충하면서 고지혈증의 개선을 유도할 수 있다. 하지만 고지혈증 환자가 장기간 채식만 할 경우 단백질 등의 영양소가 결핍되므로 주의해야 한다. 따라서 고지혈증 환자는 각종 콩제품, 살코기, 껍질을 제거한 가금류, 수산물 등을 적당량 섭취하여 필요한 단백질을 보충해야 한다.

고지혈증 환자에게는 식물성 유지가 적합한데 예를 들면 콩기름, 유채기름, 참기름, 옥수수기름, 미강유(米糠油) 등이 있으며, 돼지기름, 닭기름, 오리기름 등 동물성 지방은 적합하지 않다. 또한 유지(油脂) 성분이 풍부한 버터, 크림, 치즈 등이 첨가된 식품도 좋지 않다.

고지혈증 환자에게 적합한 당류는 흑설탕, 옥수수당, 꿀 등이며, 백설탕 등 정제당은 적합하지 않다. 어떤 경우에도 당분을 과다 섭취하는 것은 적합하지 않으며 일반적으로 전체 열량 중 55%~60% 범위가 적당하다. 당을 비교적 많이 함유한 케이크, 캔 식품 등을 금해야 하고 특히 우유나 두유 등을 마실 때 설탕을 넣지 않도록 습관화시켜야 한다.

고지혈증 환자의 금기 사항은 폭음, 폭식, 기름기 많은 음식, 콜레스테롤이 높은 음식 및 고지방의 음식 등이다. 예를 들면 돼지, 양, 개고기 등의 지방 및 내장 등이다. 이들 식품은 엄격히 제한해야 하며 그렇지 않으면 고지혈증의 개선을 기대하기 어렵다. 또한 고지혈증 환자는 술, 담배를 끊어야만 정상 상태로의 회복에 유리하다.

대추국화죽

고지혈증

재료

대추 20g, 국화 10g, 멥쌀 100g, 흑설탕 10g, 물 900mL

조리법

1. 대추를 깨끗이 씻어 씨를 제거하고 잘게 썬다. 국화와 멥쌀을 깨끗이 씻어 국화는 30분, 멥쌀은 물에 1시간 담가둔다.
2. 대추와 멥쌀을 끓는 물에 넣고 점성이 생길 때까지 끓인다.
3. 국화와 흑설탕을 넣고 5분간 더 끓여 완성한다.

효능

위의 죽은 풍부한 단백질, 비타민 및 식이섬유가 고지혈증을 예방하고 혈압을 강하시키기 위한 식이요법으로 적당하다.

참고사항

대추 껍실에는 풍부한 영양성분이 포함되어 있어 껍질을 제거하지 않아야 충분한 영양성분과 함께 풍미를 디할 수 있다. 국화는 차가운 성질의 식재료로 평소 몸이 차가운 사람 또는 차가운 음식에 과민반응을 보이는 사람들에게는 주의가 필요하다.

토마토옥수수죽

고지혈증

재료

방울토마토 50g, 신선한 옥수수 50g, 찹쌀 150g, 물 1500mL

조리법

1. 찹쌀은 씻어 물에 1시간 담가두고, 방울토마토는 씻어 2등분한다.
2. 찹쌀은 센 불에서 끓기 시작하면 약한 불로 줄여 죽을 만든다.
3. 옥수수를 넣고 끓여 완전히 익으면, 방울토마토를 넣고 한소끔 끓여 완성한다.

효능

혈액순환과 고지혈증 개선에 효과적이다. 위의 식재료는 풍부한 비타민과 다양한 영양성분을 함유하고 있으며 콜레스테롤 강하, 기억력 증진, 피부 보호 등의 효과가 있다.

참고사항

옥수수 알갱이는 쉽게 익지 않기 때문에 옥수수 분말을 만들어 기타 식재료와 같이 죽을 만드는 것도 좋은 방법이다. 완성된 죽에 양파를 넣으면 양파의 향미를 느낌과 동시에 콜레스테롤 강하도 촉진시킬 수 있다.

4. 빈혈

빈혈은 혈액중의 적혈구와 헤모글로빈 등이 부족해서 발생하는 증상으로 여성과 아동에게 많이 발생한다. 빈혈은 다양한 질병에서 수반될 수 있는 증상으로 한의학적 입장에서는 구체적인 질병이 아니라 일종의 증상이다. 빈혈 환자에게 나타나는 일반적인 증상은 창백한 얼굴, 현기증, 손발톱의 변화, 윤기없는 모발 및 탈모, 여성의 생리 이상, 식욕부진 등이 있다. 빈혈의 원인이 다양하다 할지라도 환자의 증상과 혈액검사 결과에서는 유사한 특징이 있어 재생장애성빈혈 및 철분결핍성빈혈 등으로 표현한다. 가장 일반적인 철분결핍성 빈혈은 철분의 섭취 부족, 철분의 과도한 유실, 체내 흡수 및 이용기능의 문제 등으로 발생한다. 따라서 가장 기본적인 치료 방법은 철분을 보충하는 것이며 증상이 명확할 경우 철분제를 복용시킬 수 있다. 하지만 철분제를 과다 복용하게 되면 간장과 기타 기관에 철분이 과포화 상태가 되면서 기타 질병을 초래할 수 있다. 따라서 철분제를 보충할 수 있는 가장 좋은 방법은 음식을 섭취하는 것이다. 한의학적 관점에서 빈혈과 가장 밀접한 원인은 비위(脾胃)와 간장(肝臟)의 기혈(氣血)이 부족한 것으로 주로 보기(補氣)와 보혈(補血)의 방법으로 접근한다.

철분이 풍부한 식재료는 동물의 간장, 콩팥, 살코기, 계란 노른자, 닭, 수산물, 새우 및 콩 종류 등이다. 녹색 채소 중 철분을 다량 함유한 식품은 시금치, 미나리, 유채, 비름나물, 냉이, 원추리, 토마토 등이다. 과일 중에서는 살구, 복숭아, 자두, 건포도, 대추, 앵두 등이 비교적 다량의 철분을 함유하고 있으며, 기타 호두, 다시마, 흑설탕, 참깨 등에도 철분이 함유되어 있다.

빈혈 환자는 절대로 차고 불결한 음식을 섭취해서는 안된다. 왜냐하면 빈혈의 원인이 기생충일 수도 있으므로 익히지 않은 음식의 섭취는 지양해야 한다. 따라서 반드시 자숙(煮熟)한 음식이어야만 한다. 비교적 쉽게 기생충을 접할 수 있는 음식은 야채,

쇠고기, 양곡, 어류(魚類), 게, 새우 등이다.

만약 빈혈 환자한테 부종이 나타날 경우 반드시 소금의 섭취를 제한해야만 한다. 또한 빈혈 환자는 소화가 어려운 음식의 섭취에 유의해야 한다. 즉 땅콩, 해바라기 씨, 호두, 살구씨, 부추, 마늘쫑, 양파, 죽순, 크림, 바다 게, 동죽조개(문합, 무명조개) 및 끓여서 쉽게 물러지지 않는 각종 육류 등이다.

철분 결핍성 빈혈 환자는 혈액을 보충하기 위해 다양한 음식물 섭취시 습관적으로 녹차를 마시는 것에 주의해야 한다. 왜냐하면 차엽에 함유된 탄닌(tannin)이 철분과 결합되어 치료를 방해할 수 있기 때문이다.

빈혈에 대한 일반적인 식이요법은 돼지 간, 시금치, 연근 분말, 귤껍질 등의 재료를 활용해서 영양보충은 물론 조혈기능을 강화시키는 방법으로 효과적인 치료 및 예방에 이를 수 있다.

밀땅콩대추죽

빈혈

재료

밀 100g, 땅콩 50g, 대추 50g, 물 1500mL

조리법

1 밀과 땅콩을 깨끗이 씻는다. 밀은 물에 1시간 담가둔다. 대추는 씻어 씨를 제거하고 잘게 썬다.

2 밀과 땅콩을 냄비에 넣고 물을 넣어 센 불로 충분히 끓인다.

3 대추를 넣고 15분간 더 끓여 완성한다.

효능

소화기계를 돕고 진액의 생성을 촉진시켜 신체의 면역력을 증강시킨다. 이것은 뇌세포의 발육을 촉진시켜 기억력 증진과 심신안정에도 좋은 효과가 있다.

참고사항

조리의 순서를 다음과 같이 바꿀 수도 있다. 먼저 대추를 끓는 물에 넣어 대추즙을 만든 뒤, 밀과 땅콩을 넣고 끓여 죽을 완성해도 된다. 땅콩은 풍부한 영양의 식재료이지만, 발암물질인 아플라톡신을 함유하고 있으므로 곰팡이가 있는 땅콩은 식용하지 않도록 주의해야 한다.

대추마밤죽

빈혈

재료

멥쌀 50g, 대추 150g, 산약(마) 120g, 생밤 80g, 구기자 50g, 물 1000mL

조리법

1 구기자와 멥쌀을 깨끗이 씻은 뒤 구기자는 물에 잠시 담가둔다. 밤과 마는 껍질을 제거하고 마는 잘게 썬다. 대추는 씨를 빼고 잘게 썬다.

2 멥쌀과 마를 약 40분간 끓인 뒤 대추, 밤과 구기자를 넣고 10분간 더 끓여 완성한다.

효능

기혈을 보충시켜 면역력을 증강시킨다. 재료 중 대추는 보약과 식재료로 다용되는 것으로서 소화기계를 원활하게 도우며 혈액을 보충시키고 심신을 안정시키는 역할이 있다. 밤은 소화기계는 물론 근육을 튼튼히 하고 혈액순환 및 지혈에 도움을 주는 효능이 있어 면역력을 높여준다.

참고사항

마는 쉽게 산화되므로 씻은 후 즉시 물에 담가 둔다.

천마어두죽

빈혈

재료

멥쌀 100g, 연어머리 300g, 천마 10g, 파 50g, 생강 5g, 청주 15g, 소금 3g, 후추 약간, 물 1500mL

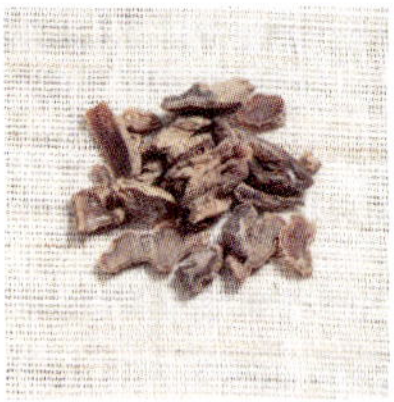

조리법

01 천마와 멥쌀을 깨끗이 씻고, 연어머리는 깨끗이 씻어 2등분 하고 생강은 즙을 내고, 파는 잘게 썬다.

02 냄비에 적량의 물과 천마를 넣고 센 불로 끓여 물이 끓을 때 연어머리, 생강, 술을 넣고 연어머리가 80% 정도 익었을 때 멥쌀을 넣고 끓여 죽이 거의 완성되면 파를 넣어 한소끔 더 끓여준다.

03 끓인 죽은 연어머리의 고기살을 발라내고 적당량의 소금, 후추 등을 넣어 완성한다.

효능

면역력의 증가와 함께 혈액순환 및 지혈작용을 한다. 천마는 한의학적으로 간기능 장애로 인한 각종 풍증과 통증에 유용하다. 연어머리와 멥쌀 등을 넣어 천식 등 호흡이 편안하지 않은 사람들은 물론 만성위염 등 소화기계의 질병 치료 및 예방에도 도움이 된다.

참고사항

위의 죽에 붕어를 함께 사용할 경우 맛과 영양은 물론 치료 및 예방 효과도 탁월하다. 연어의 아가미 부위에 충혈이 있거나 분홍색 또는 창백한 색의 연어는 품질에 문제가 있는 것이므로 구매시 주의해야 한다.

호두새우죽

빈혈

재료

멥쌀 200g, 호두, 새우 각 30g, 소금 5g, 물 1600mL

조리법

1 멥쌀, 호두, 새우를 각각 깨끗이 씻어 둔다. 호두는 잘게 다진다.

2 먼저 냄비에 멥쌀을 넣고 물과 함께 센 불로 끓여 물이 끓기 시작할 때 호두와 새우를 넣고 약한 불로 줄여 끓인다.

3 죽이 완성될 때에 소금을 넣어 잠시 뜸을 들인 뒤 완성한다.

효능

기혈을 보충해줌으로써 면역력을 증강시켜 기억력을 높이고 피부를 윤택하게 한다. 호두는 간장의 역할을 도와 근육과 뼈를 튼튼하게 하고, 새우는 양기와 면역력을 증강시켜주므로 특히 원활한 모유 수유에 도움이 된다. 호두는 원활한 배변활동을 돕는 작용이 있지만 호두의 외피는 지사제의 역할을 할 수도 있다.

돼지간시금치죽

빈혈

재료

돼지 간 50g, 멥쌀 100g, 시금치 30g, 소금 3g, 물 800mL

조리법

1 돼지 간을 깨끗이 씻어 얇게 썰어 끓는 물에 살짝 데친다. 시금치를 깨끗이 씻어 끓는 물에 데친 후 찬물에 헹궈 잘게 썰어 둔다. 멥쌀은 씻어 물에 1시간 담근다.

2 멥쌀을 물과 함께 끓여 죽이 되었을 때 돼지간을 넣고 익힌다.

3 다시 시금치를 넣고 한소끔 끓인 뒤 소금을 넣어 완성한다.

효능

진액을 생성시켜 건조해진 몸을 윤택하게 함과 동시에 변비와 빈혈을 개선시킨다. 돼지간과 시금치의 배합으로 원활한 진액의 생성은 신체의 열감으로 인해 발생하는 답답한 증상을 제거하고, 철분의 결핍으로 인한 빈혈증상을 개선시킬 수 있다.

참고사항

시금치는 죽이 완성되기 직전에 넣어야 시금치 특유의 영양성분을 보존시킬 수 있다. 하지만 풍부한 영양성분에도 불구하고 시금치에는 다량의 옥살산(oxalic acid)를 함유하고 있어 신장염이나 신장결석 환자는 유념할 필요가 있다. 그러나 첨가되는 시금치 량이 적기 때문에 특별한 문제는 없다.

붕어연근죽

빈혈

재료

붕어 250g, 연근 분말 80g, 멥쌀 100g, 파 30g, 생강 3g, 국간장 3g, 소금 2g, 청주 10g, 참기름 5g, 물 2200mL

조리법

01 멥쌀은 깨끗이 씻어 물에 1시간 담가 둔다. 연근 분말은 400mL의 온수에 풀고, 붕어는 깨끗이 씻어 잘게 썬다. 파는 잘게 썰고, 생강은 즙을 낸다.

02 붕어를 물 1000mL에 파, 생강즙, 소금, 청주 등과 함께 센 불로 삶아 물이 끓기 시작하면 약한 불로 줄여 붕어가 익었을 때 뼈를 발라 낸다.

03 다시 멥쌀과 800mL의 물을 넣어 끓인 뒤 연근 전분, 국간장과 참기름을 넣어 완성한다.

효능

원활한 소화기계의 작용으로 혈액 보충 및 해독 기능에 도움이 된다. 붕어는 혈액의 점도를 낮춰 혈액 순환을 촉진시키는 작용이 있다. 연근과 멥쌀의 조화는 혈액을 보충하고 독성을 배출하는 작용이 있다.

참고사항

연근 분말죽을 만드는 방법은 연근의 껍질을 제거한 뒤 적당한 크기로 썰어 믹서기에 갈아서 걸죽하게 만든 뒤 냄비에 넣고 반투명 상태가 될 때까지 약한 불로 끓인 뒤 다시 적당량의 꿀을 넣어 완성한다. 연근이 엷은 홍색을 띄는 것은 연근 전분과 공기 중의 산소가 결합하여 발생한 산화 작용으로 식용에는 문제가 없다.

돼지고기오징어진피죽

빈혈

재료

돼지고기(안심) 100g, 멥쌀 100g,
오징어 50g, 진피(귤껍질) 6g, 청주 5 g,
마늘 3g, 물 1000mL

조리법

01 돼지고기는 깨끗이 씻어 잘게 썬다. 멥쌀은 씻어 물에 1시간 담가둔다. 오징어와 귤껍질을 깨끗이 씻어 잘게 썬다.

02 멥쌀, 돼지고기, 오징어, 귤껍질을 센 불로 가열하여 물이 끓기 시작하면 약한 불로 줄여 30분간 더 끓여 죽을 완성한다.

효능

기혈을 보충하여 빈혈을 치료한다. 또한 각종 필수 영양성분을 보충하여 건조해진 신체 기능을 윤활하게 촉진시키며 혈맥을 소통시켜 빈혈은 물론 생리불순 등의 증상을 개선한다.

참고사항

죽을 만들 때 소량의 청주를 넣으면 오징어의 비린내를 제거할 수 있다. 특히 오징어를 구입할 때는 신선하고 광택이 있으면서 이상한 냄새 또는 점액질이 없으며 육질이 풍부하고 탄력이 있는 것을 선택하는 것이 좋다.

5. 변비

한의학적 관점에서 변비의 원인은 다양하다. 예를 들면, 장(腸)이 과도한 열(熱)로 인해 진액이 부족해지면서 발생하는 변비, 스트레스에 의한 변비, 대장의 전도(傳導)기능의 장애, 기(氣)의 부족으로 인한 장의 연동운동 부족, 혈액부족으로 인한 장(腸)의 윤활작용 감퇴, 양기(陽氣)의 부족으로 인해 지나치게 찬 기운의 응결 등이 모두 변비를 유발할 수 있다. 변비의 증상이 장기간 계속될 경우 복부팽만감, 복통, 현기증, 식욕감퇴, 불면증 등의 증상이 수반되고, 심할 경우 항문의 균열 및 치질의 원인이 될 수도 있다. 일반적으로 수액부족으로 인한 변비는 충분한 수분 보충으로 치료가 가능하다. 하지만 인체의 기혈부족으로 인한 연동운동 부족과 함께 위(胃)와 장(腸)에 열이 많아 상대적으로 진액이 부족해지면서 발생하는 변비는 합리적인 식생활 개선으로 치료할 수 있다.

변비 환자의 경우 평소 차를 많이 음용하는 것도 좋은 방법이다. 또한 평소에 장을 윤택하게 함으로써 배변을 원활하게 돕고 장의 연동운동(蠕動運動)을 촉진시키는 섬유소가 풍부한 음식을 섭취할 필요가 있다. 예를 들면 참기름, 돼지기름, 땅콩, 참깨, 호두, 꿀, 배추, 무, 미나리, 시금치, 갓, 죽순, 토마토, 감자, 고구마, 돼지고기, 돼시 내상 등이 있다. 또한 바나나, 사과, 귤, 복숭아, 비파, 수박, 오이, 무화과 등의 신선한 과일과 고구마, 아교(阿膠), 상심자(桑椹子·오디), 사탕수수, 잣, 백자인(柏子仁), 토란, 꿀, 돼지기름, 당귀(當歸), 결명자(決明子), 호박, 해삼, 행인(杏仁) 등이 있는데 특히 꿀물의 효과가 가장 좋다.

변비 환자는 맵고 열이 많은 자극성 음식을 지양해야 한다. 예를 들면, 소수, 고추, 마늘, 부추, 석류, 양고기, 개고기 및 알칼리성인 각종 밀가루 음식 등이다.

결명자국화죽

변비

재료

결명자 12g, 백국화 9g, 멥쌀 100g,
물 1200mL

조리법

1 멥쌀을 씻어 물에 1시간 담가둔다. 결명자와 백국화는 깨끗이 씻어 각각 물에 40분 정도 끓여 즙을 만들어 여과한다.

2 결명자와 백국화 여과액에 멥쌀을 넣고 죽을 끓여 완성한다.

효능

신체의 지나친 열감을 식히고 원활한 이뇨작용과 배변활동을 돕는다. 결명자와 백국화의 배합은 체내의 열감을 식히고 해독의 기능 등을 통해 습관성변비를 개선시킬 뿐만 아니라 간기능을 개선시켜 시력보호에 도움이 된다.

참고사항

결명자는 살짝 노란빛을 띠면서 구수한 냄새가 날 때까지 볶은 것을 물에 끓여 죽의 재료로 활용하면 향미와 변비 치료에도 좋다. 결명자와 백국화를 끓여낸 약찌꺼기는 그늘에 건조시켜 베개 속으로 활용하면 심신안정과 숙면에 도움이 될 수 있다.

호두진피죽

변비

재료

진피(건조 귤껍질) 6g, 호두 20g,
멥쌀 100g, 알룰로스 10g, 물 800mL

조리법

1 진피를 깨끗이 씻어 잘게 썰어둔다. 호두는 기름에 볶아 향이 나도록 하고, 멥쌀은 깨끗이 씻어 물에 1시간 담가둔다.

2 멥쌀에 분량의 물을 넣고 끓여 죽이 80%쯤 완성되었을 때 진피, 호두 등을 넣고 저어 준다.

3 알룰로스를 한소끔 넣고 끓여 완성한다.

효능

기의 흐름을 원활하게 함으로써 장의 연동운동을 촉진시켜 장에 가스가 차는 현상을 제거함과 동시에 배변과 배뇨활동을 원활하게 한다. 호두는 기혈을 도와주는 보약으로써 면역력을 제고시킬 뿐만 아니라 기침 및 호흡곤란을 완화시키고 배변활동을 촉진시키는 작용이 있다. 진피는 기의 순환을 촉진시키면서 동시에 몸속의 담을 제거하고 소화기계를 안정시키는 효능이 있다.

참고사항

죽을 만들 때 호두를 고소한 향이 날 때까지 볶아 분말로 만들어 완성된 죽과 함께 섞어 복용해도 좋다.

잣미나리죽

변비

재료

잣 30g, 미나리 100g, 멥쌀 100g, 물 800mL

조리법

1 멥쌀을 씻어 물에 1시간 담가둔다. 미나리와 잣은 깨끗이 씻은 후 미나리는 잘게 썰어둔다.

2 냄비에 분량의 물을 부어 멥쌀을 넣고 센 불로 걸죽해질 때까지 끓인다.

3 죽이 완성되었을 때 미나리와 잣을 넣고 약한 불로 2~3분 더 끓여 완성한다.

효능

혈액과 진액을 보충해서 원활한 배변활동을 돕는다. 잣과 멥쌀의 조화는 변비의 증상을 개선시킬 수 있으며 특히 기혈이 부족한 노인이나 고열로 인해 진액이 부족해서 발생한 변비 환자에게는 일정한 치료효과가 있다.

참고사항

죽이 완성될 때에 미나리를 넣으면 풍부한 영양성분을 보존할 뿐만 아니라 맛도 좋게 할 수 있다. 잣은 기름을 많이 함유하고 있는 고열량 식품으로 체중감량을 시도하는 사람들은 과용하지 않도록 한다.

시금치고구마죽

변비

재료

시금치 100g, 멥쌀 100g, 고구마 100g, 소금 3g, 물 800mL

조리법

1 시금치를 씻어 적당한 크기로 자른 뒤 끓는 물에 데치고, 물에 헹궈둔다. 멥쌀은 깨끗이 씻어 물에 1시간 담가둔다. 고구마는 껍질을 제거한 후 잘게 썬다.

2 냄비에 멥쌀과 고구마를 넣고 분량의 물과 함께 끓여 고구마가 물러질 때쯤 시금치를 넣고 한소끔 끓인 후 소금을 넣어 완성한다.

효능

진액을 생성시켜 건조한 장(腸)을 윤활하게 하고, 동시에 장의 연동운동을 촉진시켜 배변활동을 원활하게 한다. 시금치와 고구마의 배합은 장의 연동운동을 촉진시킬 뿐만 아니라 기혈의 원활한 순환을 도와 구역질 구토, 설사 등의 증상에 일정한 효과가 있다.

참고사항

죽에 멥쌀을 활용할 경우 지나치게 도정한 것은 바람직하지 않다. 또한 시금치를 사용할 경우 홍황색이 은은하면서 광채를 띄는 건강한 안색에 도움이 된다.

6. 스트레스와 불면증

한의학에서는 심장의 기능이 원활해야 온전한 정신활동이 가능하다고 해석한다. 따라서 심장과 간장의 기혈이 부족할 때 심신불안, 조급함, 우울증, 불면증 등이 쉽게 유발된다. 또한 불면증의 원인 중 심리적 스트레스는 간과 담의 기능 이상 및 체내 수액의 부족 등이다. 스트레스로 인한 불면증은 약물치료는 물론 음식을 통해서도 개선시킬 수 있다. 불면증 환자의 음식은 담백한 맛 위주여야 하며 스스로 안정된 정서를 유지하도록 노력해야 한다. 일상의 음식은 담백하고 소화가 잘되는 두류(豆類), 우유, 곡류(穀類), 계란류, 어류(魚類), 동과(冬瓜), 시금치, 사과 등이 좋다.

불면증 환자의 저녁 식사는 과식을 금해야 한다. 특히 수면 직전에 음식을 섭취하거나 지나치게 많은 물을 마심으로써 위장에 자극을 주어 대뇌피질을 흥분시키거나 소변량의 증가로 수면에 영향이 가지 않도록 해야 한다.

저녁 식사 메뉴 중 맵고 기름진 음식 역시 수면에 영향을 주게 된다. 고추, 마늘, 양파 등은 위에 자극을 주며, 소화 장애를 일으킬 수 있어 정상적인 수면의 방해요소가 될 수 있다. 기름진 음식을 과식하면 위장과 간, 담 그리고 췌장 등에 부담을 초래하고 신경중추를 자극해서 불면의 원인이 된다. 또한 두류(豆類), 배추, 양파, 옥수수, 바나나 등도 정상수면을 방해할 수 있다. 그리고 카페인이 함유된 음식은 신경계통을 자극시키면서 이뇨작용이 있어 불면증의 한 요인이 될 수 있다. 간과 담의 기능을 개선시켜 심신안정을 유도하고 불면증에 좋은 식재료는 산사, 죽여, 복령, 산조인, 인삼, 동부콩, 당근 등이 있으며 위(胃)에 부담이 없으며 소화흡수가 용이한 죽을 복용하는 것도 좋은 방법이다.

죽엽죽여산사죽

스트레스와 불면증

재료

멥쌀 100g, 죽엽 45g, 죽여, 산사 각 10g, 진피 5g, 알룰로스 10g, 물 1200mL

조리법

1 죽엽, 산사, 진피, 멥쌀을 각각 깨끗이 씻는다. 멥쌀은 불에 1시간 담가둔다.

2 죽엽, 산사, 진피, 죽여를 함께 냄비에 넣고 분량의 물과 함께 끓여 즙을 취한다.

3 2)에 멥쌀을 넣고 끓여 걸죽할 때까지 끓여 알룰로스를 넣어 완성한다.

효능

체액을 보충하여 체내 열감을 내린다. 가슴이 답답하거나 구역질 등의 증상을 완화시키고 심신안정을 유도한다.

참고사항

산사로 만든 떡을 잘게 썰어 활용할 수도 있다. 다른 재료를 활용해 죽을 만든 뒤 잘게 썬 산사떡을 죽에 섞어 완성한다.

대추복령죽

스트레스와 불면증

재료

복령분말 30g, 대추 20g, 멥쌀 100g, 흑설탕 5g, 물 1000mL

조리법

1 멥쌀을 깨끗이 씻어 물에 1시간 담가둔다. 대추는 깨끗이 씻어 씨를 제거하고 물에 끓인다. 물이 끓기 시작할 때 약한 불로 줄여 대추가 물러질 때까지 끓인다.

2 먼저 멥쌀로 죽을 만든 뒤 대추즙과 복령분말을 넣고 죽이 끓으면 흑설탕을 넣어 완성한다.

효능

복령과 대추의 배합은 소화기계를 건강하게 하고 심신안정을 유도하여 스트레스로 인한 불면증, 소화불량, 설사 등의 증상에 일정한 효과가 있다.

참고사항

위의 재료는 심신안정을 유도하지만 당분의 함량이 높아 당뇨병 환자에게는 신중하게 사용해야 한다. 또한 대추는 과용할 경우 복부에 가스가 발생하여 복부팽만감을 느끼는 부작용이 있을 수 있다.

연근팥죽

재료

연근 30g, 찹쌀 100g, 신선한 연잎 1장, 팥 30g, 알룰로스 10g, 물 800mL

조리법

01 신선한 연잎을 깨끗이 씻고, 연근은 껍질을 제거한 뒤 잘게 썰어둔다. 찹쌀을 씻어 물에 1시간 담가둔다.

02 센 불을 이용해 팥을 삶아 물을 버리고 다시 물을 부어 40분간 더 삶은 뒤 연잎, 찹쌀, 연근을 넣는다.

03 다시 물이 끓기 시작하면 약한 불로 줄여 죽이 걸죽해지면 알룰로스를 넣어 완성한다.

효능

신체의 열과 갈증을 제거하고 항균작용과 심신안정을 유도한다. 연잎, 연근, 팥, 찹쌀의 조화는 원활한 소화기능과 이뇨작용으로 부종을 완화시킬 수 있다.

참고사항

연근을 분말로 만들어 사용할 수도 있다. 다른 재료로 만든 죽 위에 연근분말을 뿌려서 섭취하면 풍미를 더할 수 있다. 평소 소화기능에 문제가 있는 경우 점도가 높은 찹쌀 대신 율무나 좁쌀을 활용하는 것이 좋다.

녹두조죽

스트레스와 불면증

재료

좁쌀 100g, 멥쌀 60g, 녹두 60g, 물 1600mL

조리법

01 녹두를 깨끗이 씻어 물에 3~4시간 담근 뒤 물 600mL에 삶는다. 멥쌀과 좁쌀은 깨끗이 씻고, 멥쌀은 물에 1시간 담가둔다.

02 냄비에 물을 1000mL 넣고 센 불로 끓인 뒤 멥쌀과 좁쌀을 넣고 물이 끓어 오를 때 약한 불로 줄여 30분정도 더 끓인다.

03 삶은 녹두를 넣고 잠시 끓여 완성한다.

효능

가슴이 답답하면서 불면증이 심한 사람들에게 심신안정의 효능이 있다. 좁쌀은 몸속의 습한 기운을 제거하고 소화기계에 활력을 주어 심신안정에 도움이 된다. 녹두는 몸속의 열을 내리면서 해독시키는 기능이 탁월하며 여기에 멥쌀을 넣으면 지나친 스트레스 등으로 인한 불면증 등의 완화에 도움이 된다.

팁피시팅

녹두, 좁쌀, 멥쌀의 비율이 2:1:1일때 죽의 영양과 맛의 조화가 가장 이상적이다.

팥복령율무죽

재료

팥,율무 각 50g, 대추 15g, 복령 15g, 알룰로스 10g 또는 소금 3g, 물 700mL

조리법

1 팥은 깨끗이 씻어 삶아서 물을 버리고 다시 물을 넣어 삶아 준다. 율무는 물에 3시간 담근 뒤 물기를 빼서 준비해 둔다. 대추는 깨끗이 씻어 씨를 제거하고 잘게 썬다. 복령은 작은 주머니에 넣는다.

2 팥, 율무, 대추, 복령을 냄비에 넣고 물과 함께 센 불로 끓인다.

3 물이 끓기 시작하면 중불로 줄여 팥과 율무가 물러지면 알룰로스를 넣어 완성한다.

효능

심신안정 및 이뇨작용으로 체내 붓기를 제거한다.

참고사항

죽의 식감을 위해 복령은 약주머니 속에 넣고 끓여야 복령의 이물질이 죽과 섞이는 것을 방지할 수 있다. 팥과 율무는 죽이 완성될 때 약한 불로 끓여주면 식감이 더욱 부드러워진다.

대추백자인조죽

스트레스와 불면증

재료

좁쌀 100g, 대추 10g, 백자인 10g, 알룰로스 5g, 물 700mL

조리법

1 좁쌀을 깨끗이 씻은 뒤 물기를 제거하고, 대추는 씻어 씨를 제거한 뒤 물에 20분간 담가둔다.

2 좁쌀, 대추, 백자인을 함께 냄비에 넣고 센 불로 끓인다. 좁쌀이 풀어진 뒤 약한 불로 줄인다.

3 좁쌀과 대추가 물러질 때까지 끓여 알룰로스를 넣어 완성한다.

효능

기혈을 보충하고 혈액순환을 원활하게 하고 심신을 안정시킨다. 위의 식재료는 소화기계의 원활한 작용과 함께 심신을 안정시켜 소화력이 약한 아동이나 노인들에게도 적합하다.

참고사항

좁쌀을 끓일 때 지나치게 풀어지면 좁쌀의 쌀식초화(米酸)가 발생하여 위의 점막을 자극할 수 있음에 유의해야 한다.

구기자연밥닭고기죽

스트레스와 불면증

재료

멥쌀 100g, 연밥 10개, 구기자 15g, 닭가슴살 20g, 소금 3g, 물 1000mL

조리법

01 멥쌀과 구기자를 깨끗이 씻어 물에 담가둔다. 연밥은 물에 담가 심을 제거하고, 닭가슴살을 깨끗이 씻어 잘게 썰어 소금에 15분간 절인다.

02 구기자, 연밥, 멥쌀 및 닭고기를 센 불에 끓여 물이 끓기 시작하면 약한 불로 줄인다.

03 연밥이 물러지고 죽의 점도가 걸죽하게 되면 소금을 넣어 완성한다.

효능

기혈을 보충하고 심신을 안정시킨다. 위의 식재료 배합은 소화기계가 허약한 식욕부진의 증상에 좋은 효과가 있다.

참고사항

닭고기는 콜레스테롤 함량이 비교적 높으나 구기자는 콜레스테롤을 낮추는 효과가 있다. 따라서 둘의 배합은 지방함량을 낮추는 효과가 있다.

구기자백합야교등죽

스트레스와 불면증

재료

찹쌀 100g, 구기자 20g, 야교등 10g, 백합 30g, 흑설탕 10g, 물 1000mL

조리법

1 백합은 씻어 물기를 제거하고, 구기자는 물에 담가둔다. 야교등은 물에 담가둔 뒤 200mL의 물에 끓여 야교등 즙을 만들어 둔다. 찹쌀은 물에 1시간 담가둔다.

2 800mL의 물에 구기자, 백합, 찹쌀을 센 불로 야교등 즙과 끓인다.

3 물이 끓기 시작하면 약한 불로 줄인 뒤 죽이 걸쭉해졌을 때에 흑설탕을 넣고 한소끔 끓여 완성한다.

효능

해열과 심신안정 작용으로 신경쇠약증을 예방한다. 위의 식재료는 특히 갱년기에 나타나는 신경쇠약, 식욕부진, 가슴이 답답한 증세와 불면증 등의 완화에 도움이 된다.

참고사항

구기자는 먼저 물에 담가 충분히 물을 흡수했을 때 죽에 넣으면 더 좋은 향미를 느낄 수 있다. 야교등 즙에 적당량의 멥쌀, 대추, 흑설탕 등을 넣고 죽을 끓여 섭취하면 불면증, 다몽증(多夢症 : 수면중 꿈을 많이 꾸는 증상), 신경통 등의 치료에 효과적이다.

산조인죽

스트레스와 불면증

재료

멥쌀 100g, 산조인 15g, 알룰로스 3g, 물 800mL

조리법

1 산조인을 후라이팬에 적당한 황색이 되도록 볶는다. 멥쌀은 씻어 물에 1시간 담가둔다.

2 냄비에 멥쌀과 물을 넣고 센 불에 끓여 물이 끓기 시작하면 약한 불로 줄인 뒤 산조인을 넣는다.

3 쌀이 물러질 때 알룰로스를 넣고 잘 섞어 주면서 5분간 더 끓여 완성한다.

효능

산조인은 체액을 보충하고 심신을 안정시키는 대표적인 한약재로서 멥쌀과의 배합으로 소화기계의 원활한 활동과 영양흡수를 촉진시킬 수 있다.

참고사항

산조인을 지나치게 오래 볶거나, 센 불로 볶으면 영양성분의 파괴를 초래할 수 있다. 따라서 약한 불로 약간의 황색이 되도록 볶는다. 산조인은 감초, 복령, 지모 등의 약재와 함께 끓여 복용하면 체력저하로 인한 불면증과 심신불안 등의 증상 완화에 도움이 된다.

백합대추죽

스트레스와 불면증

재료

멥쌀 100g, 백합 30g, 대추, 연밥 각 20g, 알룰로스 6g, 소금 3g, 물 1000mL

조리법

1 대추는 깨끗이 씻어 씨를 제거 후 20분간 물에 담가두고, 연밥은 깨끗이 세척 후 심을 제거한다. 백합과 멥쌀은 씻어 물에 1시간 담가둔다.

2 멥쌀, 대추, 연밥을 센 불로 끓여 물이 끓기 시작하면 약한 불로 줄여 백합을 넣고 쌀이 물러질 때까지 끓인다.

3 알룰로스나 소금을 넣어 완성한다.

효능

심장의 기능을 강화시켜 심신안정을 유도한다. 백합, 대추의 조합은 체액을 보충하고 심장과 폐의 기능을 활성화시켜 심신안정을 도모한다.

참고사항

재료 중 알룰로스 대신 꿀을 사용할 경우 끓는 죽에 꿀을 첨가하면 영양소가 파괴되므로 죽을 완성해서 따뜻한 상태일 때 꿀을 첨가해야 한다.

감초대추백합밀죽

스트레스와 불면증

재료

밀 100g, 자감초 20g, 대추 30g, 백합 50g, 물 1100mL

조리법

01 밀을 깨끗이 씻어 물에 1시간 담가 둔다. 자감초(炙甘草)는 500mL의 물에 끓여서 감초즙을 만들고, 깨끗이 씻은 백합과 대추 중 대추는 15분간 물에 담가 둔다.

02 밀, 대추, 감초즙에 600mL의 물을 더해 센 불에 끓여 물이 끓기 시작하면 중불로 줄인다.

03 밀이 익으면 백합을 넣고 끓여 완성한다.

효능

심장의 기능을 활성화 시키고 체력을 보충해서 피로와 권태증을 완화시키고 심신안정을 도모한다. 위의 처방은 한의학에서 사용하는 유명한 자감초탕(炙甘草湯)을 식이요법으로 응용한 것이다. 이는 심혈을 보충하고, 해열 및 갈증을 멈추는 효능이 있어 만성피로와 권태 등의 증상과 심리적 안정이 필요한 환자들에게 적합하다.

참고사항

감초는 설탕의 50배 이상의 단맛을 나타내는 약재로 감초의 약성(藥性)을 변화시키고 보기(補氣)작용을 증가시키기 위해 꿀로 가공한 것을 자감초(炙甘草)라고 한다. 감초를 약죽에 사용할 경우 기호에 따라 감초대신 적당량의 꿀을 가미할 수도 있다.

7. 구강궤양

다양한 원인으로 유발되는 구강궤양은 구강점막 표면에 발생하는 궤양으로 반복적으로 발생하는 특징을 갖고 있다. 이는 청장년에게 많이 발생하며 특히 여성의 발생비율이 남성보다 높다. 한의학적 관점에서 구강궤양은 소화기계의 문제로 발생할 경우 위장(胃腸)의 궤양, 염증, 변비, 설사 등이 수반될 수 있다. 스트레스로 인해 발생할 경우 과도한 긴장감, 피로, 불면, 생리불순 등의 증상이 수반된다. 또한 유전적 요인이 원인일 경우 부모 모두 구강궤양을 경험했을 경우 그 자녀의 발병율은 80~90%에 이르고, 부모 중 한쪽만 경험했을 경우 그 자녀의 발병율은 50~60%에 이른다고 한다. 구강궤양의 원인 중 가장 일반적인 것은 영양 및 비타민 결핍으로 인한 면역력 저하로 포괄할 수 있다. 따라서 합리적이고 균형있는 식습관으로 면역력을 제고시키는 것이 중요하다. 일반적으로 구강궤양을 예방 및 치료할 수 있는 식재료는 적당량의 어류와 육류는 물론 신선한 과일과 채소를 충분히 섭취하는 것이 중요하다. 일반적인 식재료는 포공영(민들레 뿌리), 석류꽃, 계화(桂花), 치자, 동과, 매실 등이 있으며, 환자는 튀긴 음식이나 맵고 자극적인 음식을 자제하는 것이 중요하다.

그리고 인후염 환자 역시 균형잡힌 음식 섭취가 특히 중요하다. 가능하면 담백하면서 즙이 많은 각종 신선한 야채나 과일 위주로 섭취함으로써 폐(肺)와 위(胃)의 열을 내리면서 음액(陰液)을 보충하고 허열(虛熱)을 식힐 수 있는 음식(飮食)들이 좋다.

예를 들면 곶감의 흰 가루, 무화과, 박하(薄荷), 반대해(胖大海), 나한과(羅漢果), 딸기, 석류(石榴), 무, 동과(冬瓜), 감, 배, 비파, 사탕수수, 미나리, 비름나물, 나팔꽃 나물, 쑥갓, 시금치, 가지, 죽순, 수세미, 다시마, 김, 오이, 두부, 상추, 우렁이, 백합(百合), 서양삼(西洋參), 맥문동(麥門冬) 등이다.

금기식은 맵고 자극성이 강하며 식물의 속성상 온열(溫熱) 음식, 튀긴 음식 및 기름기가 많고 느끼한 음식들이다. 예를 들면 팝콘, 개고기, 양고기, 닭고기, 거위고기, 용안육(龍眼肉), 부추, 고추, 후추, 계피(桂皮), 소회향(小茴香), 인삼(人蔘), 생강(生薑), 파, 마늘, 정향(丁香), 양파, 참죽나무, 갓, 산초나무 열매, 여지(荔枝), 앵두, 대추, 돼지비계, 새우, 해삼, 담배, 고량주 등이다.

포공영녹두죽

구강궤양

재료

포공영(건조) 60g, 녹두 20g, 멥쌀 50g, 알룰로스 10g, 물 1000mL

조리법

1. 포공영을 물에 담가 부드럽게 만든 뒤 건져낸다. 녹두는 깨끗이 씻어 물에 1시간 불린 후에 끓여서 삶아둔다. 멥쌀은 깨끗이 씻어 물에 1시간 담가둔다.
2. 냄비에 물을 넣고 센 불로 끓여 물이 끓기 시작하면 포공영을 넣고 물이 다시 끓기 시작하면 약한 불로 줄여 15분 정도 더 끓인 뒤 포공영 즙을 여과시킨다.
3. 포공영 여과액과 녹두, 멥쌀을 함께 냄비에 넣고 멥쌀이 물리질 때까지 끓여 알룰로스를 넣어 완성한다.

효능

몸의 열을 내리고 해독시켜 구강궤양을 치료한다. 포공영은 열을 내리면서 해독시키는 작용과 몸의 부종과 기혈이 뭉쳐 발생한 것들을 해소시키는 효능이 탁월하다. 녹두 역시 열을 내리면서 해독시키는 작용이 탁월한데 위의 두가지 약재가 배합되어 자연스럽게 구강궤양을 치료하는 효과가 배가된다.

참고사항

포공영을 끓인 물에 직접 멥쌀과 녹두를 넣고 죽을 만들면 녹색의 포공영 분말이 나타날 수 있지만 영양에는 문제가 없다. 또한 포공영의 경우 단독으로 다양하게 반찬재료나 만두소로 활용할 수도 있다.

치자봉밀죽

구강궤양

재료

멥쌀 100g, 치자 3g, 꿀 15g, 물 715mL

조리법

1 쌀은 깨끗이 씻어 1시간 동안 물에 담가 둔다. 치자는 깨끗이 씻어 건조시켜 분말로 만든다. 치자에 물 15mL를 넣어 저어준다.

2 냄비에 물과 쌀을 넣고 센 불로 끓여 물이 끓어 오를 때 약한 불로 줄여 죽을 끓인다.

3 치자액을 넣고 잘 저어 쌀이 완전히 물러졌을 때 꿀을 넣어 완성한다.

효능

조급증과 함께 가슴이 답답하고 열감이 많은 증상을 완화시킨다. 치자는 열을 내리는 효능과 함께 가슴이 답답하고 조급증을 호소하는 환자의 치료에 적합한 약재이다. 멥쌀과 꿀을 넣어 혈액순환 촉진과 면역력을 높이는 효과를 기대할 수 있다.

참고사항

치자는 열을 내리고 해독시키는 작용뿐만 아니라 지혈작용도 있어 생지황, 측백엽, 목단피 등과 함께 출혈증이 있는 환자에게 사용하기도 한다.

콩나물닭고기귀리죽

구강궤양

재료

닭가슴살 40g, 귀리 80g, 콩나물 100g, 참기름 5g, 소금 3g, 물 800mL

조리법

1. 닭가슴살을 잘게 썰고, 콩나물은 깨끗이 씻는다.
2. 냄비에 참기름을 넣어 잘게 썬 닭고기를 넣고 살짝 볶은 뒤 분량의 물과 귀리를 넣고 끓인다.
3. 물이 끓기 시작하면 중불로 줄여 귀리가 익을 때까지 더 끓인 뒤 소금과 콩나물을 넣어 한소끔 끓여서 완성한다.

효능

각종 비타민의 보충으로 면역력을 제고시킨다. 콩나물, 닭고기 그리고 귀리의 배합은 풍부한 아미노산과 단백질을 보충시켜 인체의 면역력을 증진시킬 수 있다.

참고사항

콩나물을 끓는 물에 소량의 소금과 함께 넣은 뒤 살짝 데쳐서 죽을 만들 수도 있다. 콩나물을 삶을 때 1~2%의 소금물은 비타민 C의 안정제 역할을 한다. 또한 위의 죽에 우유와 과일을 가미하면 영양과 맛을 모두 갖춘 훌륭한 아침용 죽으로 활용할 수 있다. 죽이 완성되면 식용하기 직전에 신선한 우유를 넣고 잘 섞으면 뜨거운 죽의 온도가 적당하게 내려가면서 은은한 우유의 향기를 즐길 수 있다.

목이콩나물새우죽

구강궤양

재료

멥쌀 100g, 콩나물, 시금치, 계란 각 50g, 목이버섯, 말린새우 약간, 생강, 멸치액젓 5g, 물 800mL

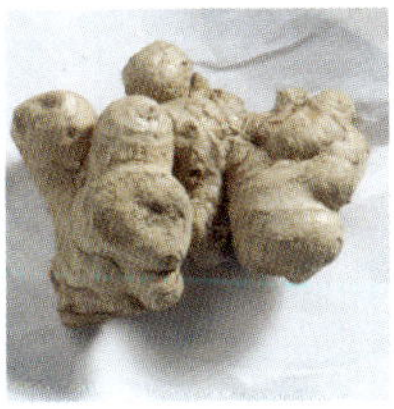

조리법

01 멥쌀, 콩나물, 시금치는 깨끗이 씻고, 계란을 풀어 지단을 부쳐 고명을 만든다, 목이버섯과 말린 새우는 물에 담가 부드럽게 만든다. 생강은 즙을 낸다.

02 멥쌀을 끓여 걸죽한 죽이 되었을 때 목이버섯, 콩나물, 새우, 시금치, 생강즙 등을 넣고 한번 더 끓인 뒤 액젓을 넣어 완성한다.

03 죽에 계란 지단으로 고명을 한다.

효능

풍부한 비타민의 보충으로 궤양을 예방 및 치료한다. 콩나물에 함유된 풍부한 비타민 B군과 목이버섯, 말린새우, 시금치 등의 배합은 면역력을 향상시켜 구강궤양의 예방 및 치료에 효과적이다. 특히 목이버섯에 함유된 콜로이드 성분은 체내의 독소를 제거시키는 작용이 있어 자주 섭취할 경우 건강미가 넘치는 안색을 유지하는 데 도움이 된다.

참고사항

목이버섯, 콩나물 및 시금치 등의 재료는 죽을 만들기 전에 먼저 끓는 물에 데쳐 익힌 뒤 적당한 크기로 썰어 죽에 넣으면 된다. 콩나물은 끓는 물에 1~2%의 소금을 넣어 삶는다. 시금치는 데쳐서 찬물에 헹군다.

8. 감기

한의학에서 "상풍(傷風), 감모(感冒)" 등으로 부르는 감기는 일반적으로 콧물, 코막힘, 재치기, 기침, 두통 등의 증상을 유발시킨다. 한의학에서는 감기의 유형별로 서로 다른 약재들을 조합한 처방을 사용하는데 예를 들면 풍한형(風寒型) 감기에는 맵고 따뜻한 계열의 약재를 사용하고, 풍열형(風熱型) 감기는 맵고 서늘한 성질의 약재를 활용한다. 일반적으로 어떤 유형의 감기에 걸리든 식욕이 저하되기 때문에 약죽을 활용하는 것은 영양과 치료를 모두 고려할 수 있는 일석이조의 식이요법이라 할 수 있다.

감기 회복에 있어 음식 조절은 매우 중요한 요소이다. 인체는 바이러스에 감염된 뒤 병원체의 독소에 저항하기 위해서 각종 대사활동을 항진시키므로 대량의 에너지를 소모하게 된다. 이 때 부족한 에너지를 보충하기 위해서는 반드시 충분한 휴식과 적절한 음식의 섭취가 필요하다. 또한 바이러스에 감염된 뒤 인체내의 비타민은 급격히 감소하여 비타민의 섭취가 무엇보다 중요하게 된다. 비타민 A는 인후, 비강, 폐부의 점막을 증강시키고, 비타민 C는 아드레날린의 합성에 관여하게 된다. 감기에 걸렸을 때는 특히 비타민 C를 보충해야 한다. 일반적으로 비타민 A가 풍부한 야채는 유채, 시금치, 상추, 부추, 당근 등 녹황색 채소들이다. 비타민 C가 풍부한 재료는 녹황색 채소, 숙주나물, 콩나물, 소귀나무 열매(楊梅), 고추, 레몬, 포도, 유자 등이다.

마늘은 옛날부터 감기 치료의 특효 식품으로 사용되어 왔다. 마늘에는 바이러스를 억제하는 강력한 힘이 있어 마늘을 복용하는 과정 중에 그 유효성분은 인후와 비강 등의 세균 혹은 바이러스가 소재한 점막부위의 병원체를 억제시키고 기침과 담(痰) 등을 경감시킨다. 마늘을 하루에 2~3쪽 복용하면 일정한 효과를 볼 수 있으며 식초, 파, 생강 등 매운 조미료를 사용함으로써 식욕 증진뿐 만 아니라 발한의 작용까지 증진시킬 수 있다. 일반적으로 가벼운 감기의 경우 생강탕 정도만 복용해도 효과가 있다. 식초,

레몬즙, 매실 등 신맛의 식품들은 식욕을 증진시키는 작용이 있어 적당한 조화가 필요하다. 또한 소량의 음주도 때로는 식욕을 증진시키고 한기(寒氣)의 제거에 도움을 주는데 옛날에는 계란과 고량주로 만든 단주(蛋酒)를 감기치료제로 사용하기도 했다.

감기 초기에는 오리고기, 돼지고기, 양고기, 개고기, 자라, 식초, 감 등의 음식 섭취에 주의해야 한다. 왜냐하면 한의학에서 초기 감기 치료의 원칙인 소산해표(疏散解表)에 배치되기 때문이다.

또한 흡연은 호흡기의 점막을 자극함으로써 기침을 가중시키고 담량(痰量)을 증가시키면서 위장에 자극이 초래되므로 절대적으로 금해야 된다. 이밖에 추위로 인한 감기의 경우 최대한 몸의 보온에 신경써야 한다.

감기예방 및 치료에 도움이 될 수 있는 일반적인 식재료는 파, 생강, 금은화, 백편두, 방풍, 형개, 농어 등이 있다.

총백생강죽

감기

재료

총백(파근경 부위) 30g, 생강 25g,
멥쌀 100g, 소금 3g, 물 700mL

조리법

1. 생강을 깨끗이 씻어 껍질을 제거한 뒤 즙을 낸다. 파는 세척 후 잘게 썰고 멥쌀은 깨끗이 씻어 물에 1시간 담가둔다.

2. 냄비에 물을 넣고 센 불로 끓여 물이 끓기 시작하면 멥쌀을 넣고 멥쌀이 물러질 때 파와 생강즙을 넣는다.

3. 쌀이 완전히 물러졌을 때 소금을 넣어 완성한다.

효능

찬바람으로 인한 감기를 예방 및 치료할 뿐만 아니라, 한기로 인한 구토, 구역질을 치료한다. 파와 생강은 모두 따뜻한 성질과 매운 맛이 특징이다. 이러한 성질과 멥쌀의 조화는 감기초기 환자에게 땀을 유발시키면서 항균, 거담 등의 작용이 있어 감기로 인한 식욕저하, 구토, 구역질 등의 증상완화에 도움이 된다.

참고사항

생강즙을 음용하거나 생강차를 마시는 것은 찬바람으로 인한 감기 예방 및 치료에 도움이 된다. 죽을 만들 때 생강과 파는 취향에 따라 다양한 크기로 잘라 사용할 수 있다.

방풍생강죽

감기

재료

방풍 24g, 멥쌀 100g, 생강 10g,
총백(파 근경) 4개, 소금 3g, 물 700mL

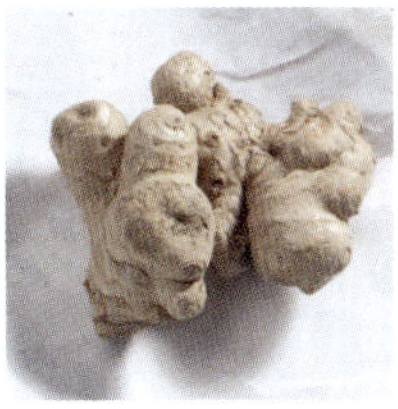

조리법

1 방풍을 깨끗이 씻어 물에 20분 정도 담가둔다. 총백은 깨끗이 씻어 직당한 크기로 자른다. 생강은 즙을 낸다.

2 냄비에 멥쌀과 물을 넣고 끓여 죽이 거의 완성되었을 때 방풍, 총백, 생강즙 등을 넣고 5분 정도 더 끓인다.

3 소금을 넣어 완성한다.

효능

해열작용과 함께 한기를 몰아내고 진통효과가 있다. 방풍생강죽은 찬바람으로 인한 감기로 열이 있으면서 두통, 코막힘, 콧물 등의 증상에 좋은 효과가 있다.

참고사항

깨끗이 씻은 방풍을 잘게 썰어 물과 함께 끓여 여과시킨 즙을 물대신 사용해서 숙늘 만드는 것도 좋은 방법이다. 또한 방풍을 깨끗이 씻은 후 잘게 썰어 약간의 감초와 함께 약주머니에 넣어 끓는 물을 이용해 차로 음용해도 감기예방 및 치료에 좋은 효과가 있다. 방풍죽은 방풍의 새싹을 따서 흰죽을 만들기도 하는데 은은한 향기와 맛이 있는 죽이다.

금은화산사죽

재료

금은화 90g, 산사 9개, 멥쌀 100g,
물 1000mL

조리법

1. 모든 재료를 깨끗이 씻은 후 산사는 씨를 제거하고, 쌀은 물에 1시간 담가 둔다.
2. 냄비에 금은화를 넣고 1000mL의 물을 부어 30분간 끓여 금은화즙을 만든다.
3. 멥쌀과 산사를 넣고 끓여 죽을 완성한다.

효능

해열, 해독의 작용이 있다. 금은화는 각종 열독성 부스럼, 인후종통, 발열성 감기 등에 일정한 효과가 있다.

참고사항

금은화는 분말을 죽에 첨가할 수도 있다. 금은화의 성질은 차기 때문에 지나치게 과용하지 않는다.

총백찹쌀죽

감기

재료

총백(파 근경) 13개, 생강 20g, 찹쌀 120g, 청주 15g, 물 1000mL

조리법

1 생강을 씻어 즙을 낸다. 총백은 세척 후 잘게 자르고, 찹쌀은 깨끗이 씻어 물에 1시간 담가둔다.

2 먼저 찹쌀과 생강즙을 넣고 죽을 끓여 죽이 완성되었을 때 총백을 넣고 한번 더 끓인다.

3 불을 끄기 직전 청주를 넣어 한소끔 끓여 완성한다.

효능

찬바람으로 인한 감기몸살 기운을 예방 및 치료하며 동시에 소화기계를 편안하게 해서 식욕을 증진시킨다.

참고사항

찹쌀은 물에 쉽게 불지 않기 때문에 3시간 정도 물려 찹쌀에 작은 균열이 보일 때 죽을 만들면 짧은 시간에 쉽게 만들 수 있다. 위의 식재료 중 총백과 생강는 찬바람으로 인한 감기몸살에 좋은 식재료이다. 따라서 풍열로 인한 감기에는 적당하지 않다.

9. 기침

기침은 호흡기 계통의 증상 중 하나로 호흡기 점막에 이물질, 염증, 분비물 또는 과민성 요소들의 자극이 있을 때 호흡기를 보호하기 위한 반사동작이다. 한의학에서는 기침의 원인은 풍열(風熱), 풍한(風寒), 풍조(風燥), 담습(痰濕) 등 다양하게 설명하고 있다.

마른 기침의 경우 가래가 섞여 쉽게 제거되지 않을 때에는 배, 무, 꿀, 목이버섯, 백합 뿌리 및 비파엽 등을 이용할 수 있다. 비파엽의 용법은 먼저 잎 뒷면에 있는 작은 털을 제거한 뒤 차로 음용할 수 있다. 습성(濕性)이 있는 기침과 가래에는 진피와 유자 등을 식용할 수 있다.

몸에 열이 있으면서 가래가 황록색일 때는 일반적으로 열성기침(熱咳)이라 하는데 이때는 무, 동과, 배, 미역류, 비파엽 및 감 등 찬 성질의 음식을 식용할 수 있다. 무는 생으로 섭취하는 것이 익혀 먹는 것보다 효과가 좋다.

만약 몸이 차면서 자주 추위를 타고 묽은 가래가 있을 경우 한방에서는 한성(寒性) 기침으로 분류한다. 이때 적합한 것은 마늘, 생강, 파, 진피, 은행, 호두 등이며 특히 약간의 생강을 썰어 따뜻한 물에 타서 마시는 것도 좋은 방법이다. 은행은 기침과 천식의 치료에 사용되지만 생것을 식용할 경우 현기증이나 경련 등을 유발시킬 수 있어 반드시 불에 굽거나 삶아야 된다. 성인의 경우 하루에 10개, 소아의 경우는 5개 정도가 적당하다.

쉽게 담(痰)이 생기는 환자 또는 자주 열이 나는 환자는 돼지고기를 과식하면 담(痰)이 생길 수 있으므로 가급적이면 피하는 것이 좋다. 담(痰)이 많은 환자는 해삼도 과식하는 것은 지양해야 한다. 천식이 있거나 자주 기침을 하는 사람이 생선회를 먹게 되면 발열, 담, 구토 등의 증상을 유발시킬 수 있다.

일반적인 식이요법 재료는 진피(귤껍질), 토란, 백모근, 노근(갈대 뿌리), 무화과, 행인(살구씨), 은행, 도라지 등이 있다. 그리고 지나치게 맵고 자극적인 음식은 주의를 요한다.

진피행인죽

기침

재료

멥쌀 100g, 진피(귤껍질) 13g,
행인(살구씨) 10g, 생강 5g, 흑설탕 15g,
물 1100mL

조리법

1 모든 재료를 깨끗이 씻어 생강은 잘게 썰고, 멥쌀은 물에 1시간 담가둔다.

2 냄비에 물 500mL를 넣고 생강, 행인, 진피 등의 재료와 함께 센 불로 끓인 후 물이 끓기 시작하면 약한 불로 줄여 10분간 더 끓인 후 즙을 취한다.

3 냄비에 물 600mL에 멥쌀을 넣고 죽을 끓여 죽이 완성되면 위 2)에서 취한 즙을 넣고 한번 더 끓여 완성한다.

효능

담을 제거하고 기의 순환을 도와 기침 및 호흡곤란 등의 증상을 완화시킨다. 이 죽은 특히 찬바람으로 인한 기침 환자에게 적합한데, 진피와 행인은 폐의 기능을 원활하게 하여 담을 제거하고 기침을 멈추게 하는 효능이 있으며, 생강은 한기를 몰아내면서 해독시키는 작용이 탁월하다.

참고사항

죽의 맛과 효과를 더욱 강하게 만드는 방법은 행인과 진피를 끓여낸 즙에 멥쌀을 넣고 죽을 완성하는 것이다. 특히 행인을 선택할 때는 첨행인(단맛의 행인)을 사용하면 폐의 기능을 원활하게 함으로써 기침을 멈추고 호흡기를 편안하게 할 뿐만 아니라 원활한 배변활동에도 도움이 된다.

소원성취

은행토란죽

기침

재료

찹쌀 60g, 은행 120g, 토란160g, 대추 25g, 양파 2개, 물 900mL

조리법

01 찹쌀을 깨끗이 씻어 물에 불린 뒤 가루로 만든다. 양파는 껍질을 제거한 후 씻는다. 대추, 은행, 토란은 깨끗이 씻은 뒤 대추, 양파, 토란은 잘게 썰어 둔다.

02 양파와 토란을 살짝 볶는다. 은행은 물에 삶아 둔다.

03 찹쌀가루를 이용해 죽을 만든 뒤 은행과 대추를 넣고 약한 불로 10분간 끓인다.

04 양파와 토란을 넣고 5분 정도 뜸을 들여 완성한다.

효능

기의 원활한 순환과 해열 작용으로 기침을 멈추게 한다. 위의 죽은 허약한 환자에게는 단순히 기침을 멈추는 작용뿐만 아니라 보양식으로도 좋은 효과가 있다.

참고사항

은행은 심장병, 동맥경화, 치매 등 노인성 질환에 특히 좋은 식재료이지만 약간의 독성을 함유하고 있어 죽을 끓이기 전에 따로 삶아 해독시킨 뒤 찹쌀과 함께 죽을 끓여야 한다.

백합은행죽

기침

재료

멥쌀 100g, 백합, 은행, 오이 각 50g, 구기자 20g, 소금, 알룰로스, 간장, 식초, 마늘 각 약간, 참기름 5g, 물 1200mL

조리법

01 멥쌀은 씻어 물에 1시간 담가둔다. 기타 식재료는 깨끗이 씻고, 오이는 잘게 썬 뒤 소금, 설탕, 간장, 식초, 다진 마늘 등과 고르게 섞는다.

02 먼저 멥쌀, 백합, 구기자, 은행 등을 넣고 죽을 만든 뒤 위에서 준비해 둔 오이와 참기름을 넣어 저어준다.

03 소금과 알룰로스를 넣어 완성한다.

효능

해열과 함께 호흡을 편안하게 하는 효능으로 폐의 정상적인 기능을 돕는다. 재료 중 백합, 은행 등은 담을 제거하면서 호흡기의 기능을 원활하게 하는 효능이 있다.

참고사항

은행은 약간의 독성이 있으므로 어린이들이 많이 섭취하지 않도록 주의해야 한다.

백모근민들레율무죽

기침

재료

백모근, 금은화, 포공영(민들레 뿌리) 각 25g, 율무, 멥쌀 각 50g, 알룰로스 6g, 물 1500mL

조리법

01 백모근, 포공영, 금은화, 멥쌀을 깨끗이 씻은 뒤, 멥쌀은 물에 1시간 담가 둔다. 율무는 깨끗이 씻어 물에 3시간 동안 담가 둔다.

02 백모근, 포공영, 금은화를 약주머니에 넣어 30분 끓여 즙을 만든다.

03 약즙에 율무와 멥쌀을 넣고 죽을 끓여 기호에 따라 알룰로스를 넣어 완성한다.

효능

해열과 해독 기능으로 기침을 멈추고 담을 제거하는 효능이 있다. 금은화와 백모근은 포공영과 배합되어 담을 제거하고 기침을 멈출 뿐만 아니라 편도선의 염증완화에도 효과가 있다.

참고사항

백모근, 금은화, 포공영을 깨끗이 씻은 뒤 분말로 하여 완성한 죽 위에 직접 섞어서 복용하면 시간은 절약되며 효과도 비슷하다. 백모근, 금은화, 포공영을 끓는 물에 우려내어 차로 마셔도 동일한 효과를 낼 수 있다.

10. 소화불량

소화불량은 위(胃)의 연동운동과 위산에서 발생하는 일종의 질병으로 식욕부진, 소화불량, 구토, 설사, 복부팽만감, 복통 등의 증상이 수반된다. 그 원인은 부적절한 음식습관, 과식, 과도한 다이어트, 불결한 음식, 지나치게 차거나 기름기가 많은 음식의 섭취 등이 소화기계의 기능 이상을 유발시키는 것이다.

한의학적 관점에서 소화불량의 원인은 소화기계 기능의 약화(脾胃虛弱), 무절제한 식습관, 찬 음식의 과용, 영양흡수의 장애, 외부의 불규칙한 기후변화가 신체에 영향을 초래하여 발생하는 소화기계의 기능장애 등이다.

소화불량에 따른 식이요법에 사용되는 식재료는 장의 운동과 소화흡수를 원활하게 하는 담백한 맛의 과일과 채소 등이다. 소화불량 환자는 규칙적인 식습관과 함께 소식다찬(少食多餐)의 습관을 유지하는 것이 중요하며 일반적인 식재료는 산사, 계내금, 맥아, 곡아, 콩비지, 베이컨, 배추, 육두구 등이 있다.

반면, 위의 점막에 자극을 초래하고 위산 분비에 영향을 초래할 수 있는 커피, 초코릿, 콜라, 술 등의 섭취는 주의를 요한다. 또한 복부팽만감을 유발시킬 수 있는 콩 종류의 음식도 역시 과용을 금해야 한다.

일반적으로 소화불량과 밀접한 관련이 있는 위(胃) 및 십이지장 궤양은 위산, 위단백효소의 소화작용과 밀접한 관계가 있으며 주 발병부위는 위(胃)와 십이지장(十二指腸)이다. 위(胃) 및 십이지장(十二指腸) 궤양은 유전, 지리적 환경적 요인, 정신적 자극, 음식습관 및 약물 등의 원인으로 발병할 수 있으며, 주로 청장년(靑壯年)층에서 많이 나타난다. 한의학에서는 위완통(胃脘痛)으로 부르며 발병의 주요 원인은 적절하지 못한 식습관이므로 식이치료(食餌治療)를 강조한다.

위(胃) 및 십이지장(十二指腸) 궤양 환자는 영양 상태를 특히 주의해야 하는데 소화가 잘 되면서 열량과 단백질 및 비타민이 풍부한 음식을 섭취해야 한다. 예를 들면 죽, 면, 우유, 두유, 계란, 살코기, 두부, 각종 콩제품 및 비타민이 풍부한 신선한 야채와 과일 등이다. 이러한 음식은 신체의 면역력을 증강시키며 손상된 조직을 회복시키고 궤양 부위를 치유하는데 도움을 준다.

위(胃) 및 십이지장(十二指腸) 궤양(潰瘍) 환자는 자극성이 강한 음식과 위산(胃酸)의 분비를 자극할 수 있는 음식들을 금해야 하는데, 예를 들면 육수, 생파, 생마늘, 생과일 쥬스, 커피, 술, 진한 차(濃茶) 및 지나치게 달거나 시고, 짜고, 뜨겁고, 차가운 것 및 딱딱한 음식 등이다. 왜냐하면 단 음식은 위산(胃酸)의 분비를 증가시켜 위궤양(胃潰瘍)을 자극함으로써 병을 악화시킬 수 있고, 지나치게 열성(熱性)인 음식은 궤양(潰瘍) 부분의 통증을 가중시키고 출혈을 유발할 수 있기 때문이다. 매운 음식은 또한 궤양(潰瘍) 부분을 자극해 위산의 분비를 증가시킬 수 있으며 지나치게 찬 음식 및 딱딱한 음식은 소화에 장애를 초래해 궤양을 악화시킬 수 있다. 이밖에 궤양병(潰瘍病) 환자는 반드시 금주와 금연이 필요하다. 흡연의 경우 니코틴이 위액의 산성과 알칼리성의 균형에 변화를 주어 위(胃), 유문(幽門)의 정상적 활동을 방해하거나 궤양을 가중시킬 수 있다.

위(胃) 및 십이지장(十二指腸) 궤양 환자는 튀김, 미나리, 부추, 콩나물, 소시지, 육포, 말린 고기 등 질이 거친 음식을 주의해야 한다. 이러한 음식은 쉽게 소화되지 않고 위액의 과다분비를 유발시킴으로써 위(胃)에 부담을 가중시킨다. 하지만 잘게 다진 음식은 섭취가 가능하며 환자의 원활한 배변을 위해 한천, 바나나, 꿀 등을 섭취하는 것도 중요하다.

위(胃) 및 십이지장(十二指腸) 궤양 환자는 음식을 합리적으로 조절하는 것이 가장 중요한데 특히 식사시간과 식사량의 조절, 오래 씹고 천천히 삼키며 식사 중 TV나 신문 등을 보지 않으며 유쾌한 정서 상태를 유지하는 것이 중요하다. 특히 궤양의 활동기에는 풍부한 영양을 함유하고 쉽게 소화될 수 있는 죽을 섭취하는 것이 좋다

콩비지귀리죽

소화불량

재료

콩비지 100g, 귀리 100g, 팥 10g, 알룰로스 6g, 물 1000mL

조리법

01 냄비에 팥과 물을 넣고 끓여 물을 버리고, 다시 물을 넣어 삶고, 콩비지와 귀리를 준비한다.

02 냄비에 물이 끓기 시작하면 귀리를 넣고 푹 끓인다.

03 비지와 팥을 넣고 한번 더 끓어 오르면 알룰로스를 넣어 완성한다.

효능

위장 기능을 돕고 소화를 촉진시킨다. 귀리는 위장의 소화흡수 능력을 제고시키고 콩비지와 팥은 콜레스테롤을 낮추고 면역력을 제고시킨다.

참고사항

식재료 중 귀리는 타임지에서 선정한 10대 슈퍼푸드의 하나로 단백질이 14.3%이며, 라이신 등의 필수아미노산과 칼슘이 풍부하게 함유되어 있어 어린이들의 성장발육에도 도움이 된다. 또한 위의 죽에 산사를 첨가할 경우 맛과 영양은 물론 소화기능을 촉진시키는 작용이 배가될 수 있다.

키위산사죽

소화불량

재료

키위 120g, 산사 3개, 멥쌀 100g, 물 700mL

조리법

01 키위의 껍질을 제거한 뒤 잘게 자른다. 산사는 깨끗이 씻어 씨를 제거하고, 멥쌀은 깨끗이 씻어 물에 1시간 담가둔다.

02 먼저 멥쌀을 이용해서 죽을 끓이는데 죽이 80%쯤 완성되었을 때 키위와 산사를 넣고 끓여 완성한다.

03 키위로 장식한다.

효능

소화불량으로 인한 구역질, 구토, 딸꾹질 등에 효과가 있다. 특히 키위와 산사의 배합은 구강궤양, 소화불량, 심혈관 질환 등에 일정한 효과가 있다.

참고사항

키위는 껍질을 제거한 뒤 믹서기로 갈아서 만든 키위즙을 사용해도 좋다. 즉, 멥쌀로 만든 죽이 80%쯤 완성되었을 때 키위즙을 넣고 잠시 더 끓여 완성할 수도 있다. 키위는 외피의 색이 토황색을 띠면서 과육 전체가 고르고 부드러운 것이 좋다.

진피대합조개죽

소화불량

재료

진피(귤껍질) 6g, 대합조개 50g, 생강 10g, 파, 국간장 각 5g, 멥쌀 100g, 물 800mL

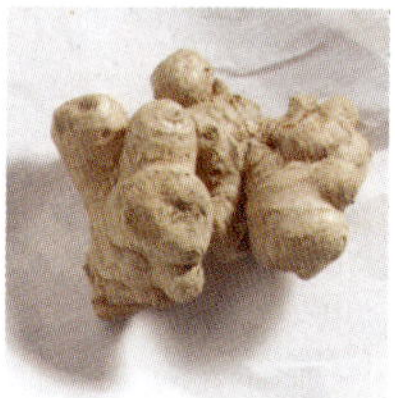

조리법

01 진피와 대합조개는 깨끗이 씻어 잘게 썬다. 생강은 즙을 내고, 파는 잘게 썬다. 멥쌀을 깨끗이 씻어 물에 1시간 담가 둔다.

02 냄비에 멥쌀과 물을 넣고 센 불로 끓여 물이 끓기 시작하면 나머지 재료를 넣고 약한 불로 줄여 40분간 더 끓여 완성한다.

효능

소화기계를 튼튼하게 하고 기의 순환을 원활하게 도와 소화불량을 예방한다. 기의 순화과 담의 제거에 좋은 진피를 대합조개 등과 배합하는 것은 소화불량을 예방한다.

참고사항

죽을 만들 때 진피대신 신선한 귤껍질을 사용할 경우 맛과 죽의 색이 훨씬 신선하다. 또한 진피와 대합조개는 죽뿐만 아니라 국을 끓여도 맛과 영양이 풍부하다.

생지황율무죽

소화불량

재료

생맥문동 20g, 멥살 60g, 율무 30g,
생지황 120g, 생강즙 60mL, 물 1000mL

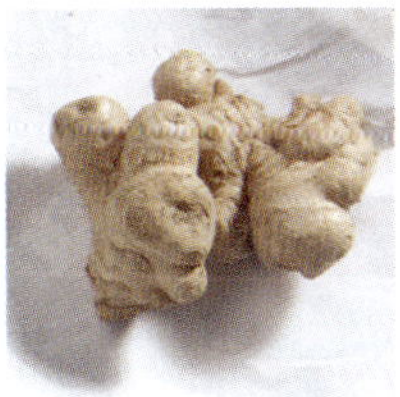

조리법

01 맥문동의 심지를 제거한 뒤 맥문동과 생지황을 깨끗이 세척 후 잘게 썰어 즙을 취한다. 율무는 씻어서 물에 3시간 불리고, 멥쌀은 물에 1시간 불린다.

02 멥쌀, 율무와 물을 넣어 센 불로 끓여 물이 끓기 시작하면 생지황과 맥문동 즙과 생강즙을 넣고 잘 섞이도록 저어주며 죽을 완성한다.

효능

해열 기능과 함께 건조한 몸속에 진액을 생성시켜 특히 위장의 기능을 강화하는데 효과가 좋다. 생지황, 맥문동을 멥쌀과 조화시켜 만든 죽은 특히 몸에 열이 많으면서 소화불량 증상이 있는 사람들에게 효과가 좋다.

참고사항

물에 불린 멥쌀과 율무를 생강즙과 함께 죽을 끓여 쌀이 물러질 때 기타 재료를 넣고 죽을 완성해도 맛과 효능은 동일하다. 다만, 맥문동의 경우 차가운 성질로 인해 평소 아랫배가 차갑거나 설사 증상이 많은 사람은 신중하게 사용해야 된다.

11. 관상동맥질환

관상동맥은 심장에 영양을 공급하는 소동맥을 말한다. 관상동맥질환은 일명 관심병(冠心病)이라고도 불리는데, 이는 관상동맥죽양경화성 심장병(冠狀動脈粥樣硬化性 心臟病)을 줄인 말이다. 즉, 혈액이 마치 죽처럼 지나친 점성을 보이고 혈관은 탄력을 상실하면서 혈관벽에 지질이 침착되어 심장에 공급하는 혈액량에 문제가 발생하는 질병이다. 지방대사 기능의 문제에서 기인한 심장 혈액순환관련 질병으로 주로 40세 이상의 중·노년층에서 많이 발생한다. 발병의 주요 원인은 고혈압, 고지혈증, 흡연 등이며, 특히 비만, 당뇨병 및 스트레스 등과 밀접한 관련이 있다. 그밖에 유전적 요소, 연령, 성별(남성) 등도 밀접한 상관관계가 있다. 관상동맥질환은 약물 치료도 중요하지만 평소 식습관의 개선과 식이요법도 중요한 치료방법이다.

고지방 및 당함량이 많은 음식들은 동맥혈관벽에 콜레스테롤의 침적(沈積)을 촉진시킬 수 있어 동맥경화를 가속화시키므로 특별히 주의해야 한다.

가급적 채소와 과일 등 주로 담백하고 소화가 잘 되는 음식위주로 섭취해야 하며, 하루 중 식사는 소식다찬(少食多餐)의 습관이 중요하고 특히 저녁 식사량을 적게 함으로써 심장의 부담을 경감시킬 필요가 있다.

관상동맥경화증(冠狀動脈硬化症) 환자의 전반적인 식이요법은 열량의 균형을 유지하고 이상적인 체중을 유지하며 고지방과 고콜레스테롤 및 탄수화물의 과다한 섭취를 자제하고 비타민 혹은 식이섬유의 섭취를 증가시켜야 한다. 따라서 관상동맥경화증(冠狀動脈硬化症) 환자는 잡곡류, 채소, 과일 및 콩 종류 등의 음식을 수시로 섭취할 필요가 있다. 이들 식품의 식이섬유는 콜레스테롤을 흡착시키는 작용이 있어 콜레스테롤이 장점막에 흡수되지 못하고 대변으로 배설되는 것을 가속화시켜 혈중 콜레스테롤의 함량을 감소시킬 수 있다. 대두단백질 및 각종 콩제품을 많이 섭취할 경우 콜레스테롤의 함량을 낮추는데 유익하다. 이밖에 환자는 양파, 마늘, 표고버섯, 검은 목이버섯, 다시마, 김 등을 섭취하는 것이 좋다. 술의 경우도 알코올 함량이 높을수록 심장박동을 증가시키면서 혈청 중의 지단백(脂蛋白)을 증가시켜 관상동맥경화증(冠狀動脈硬化症)을 가중시킬 수 있다. 또한 진한 차(濃茶)는 카페인 함량이 높아 대뇌(大腦)를 흥분시켜 수면에 영향을 초래함으로써 관상동맥경화증(冠狀動脈硬化症) 환자에게는 불리한 요인을 제공할 수 있다. 그리고 흡연도 심근경색(心筋硬塞)과 중풍의 주요 요인이므로 절대적으로 금연해야 한다. 하지만 알코올 함량이 낮은 술을 즐기는 소량의 음주는 혈액의 순환과 기혈(氣血)의 조화를 촉진시키는 역할을 할 수도 있다.

정어리토마토죽

관상동맥질환

재료

멥쌀 100g, 정어리 10g, 토마토 50g, 양파 20g, 국간장 3g, 물 700mL

조리법

1 정어리를 끓는 물에 살짝 데친 뒤 으깨어 둔다. 나머지 재료는 깨끗이 씻고, 토마토와 양파는 잘게 썬다.

2 냄비에 물과 쌀을 넣고 죽을 끓여 죽이 완성될 때에 준비한 정어리, 양파, 토마토를 넣고 한번 더 끓여 국간장을 넣고 완성한다.

효능

타우린의 보충으로 심혈관질환을 예방한다. 정어리의 풍부한 오메가-3 성분은 혈전의 형성을 예방할 수 있고 토마토와의 배합으로 타우린, 지방, 비타민 C 등 풍부한 영양으로 성인의 심혈관계질환 예방은 물론 성장기 어린이들의 대뇌 발육에도 좋은 효능이 있다.

참고사항

정어리를 뜨거운 물에 살짝 데쳐 비린내를 제거하고 으깬 뒤 다른 재료로 완성한 죽에 넣고 골고루 섞어 한번 더 끓여 완성해도 된다. 정어리가 어획되는 계절이 아니면 통조림을 이용해도 된다.

목이새송이버섯죽

관상동맥질환

재료

멥쌀 100g, 목이 100g, 새송이 버섯 100g, 돼지고기 50g, 생강 5g, 당근 30g, 후추, 소금 적당량, 물 1000mL

조리법

01 새송이버섯과 돼지고기, 당근을 깨끗이 씻어 잘게 썰고, 목이버섯은 물에 불려 잘게 썬다. 멥쌀은 씻어 물에 1시간 불린다. 생강은 즙을 낸다.

02 먼저 멥쌀을 넣고 죽을 끓인 후 돼지고기를 넣고 물이 끓을 때 발생하는 거품을 제거한 뒤 약한 불로 줄여 15분 정도 더 끓인다.

03 다시 새송이버섯을 넣고 20분 정도 끓인 뒤 당근, 목이버섯, 생강즙을 넣어 한소끔 끓여 완성한다.

효능

고지혈증 완화와 함께 면역력을 증가시킨다. 새송이버섯과 목이버섯은 관상동맥질환의 치료에 일정한 역할을 할 수 있다.

참고사항

목이버섯은 섬유소가 풍부해 비만예방에 효과적이며, 목이버섯에 풍부하게 함유된 비타민 D는 지용성 비타민이므로 식용유가 비타민 D의 체내 흡수를 도와준다. 목이버섯과 새송이버섯은 죽의 재료로서 뿐만 아니라 볶음 요리로 활용해도 동일한 효과를 얻을 수 있다.

태국식새우죽

관상동맥질환

재료

신선한새우 150g, 계란 1개, 밥 1공기, 육수(돼지 또는 닭고기) 500g, 설탕 3g, 배추(또는 갓), 코코넛우유 각 5g, 잘게 썬 생강, 파, 미나리 및 고수 각 15g

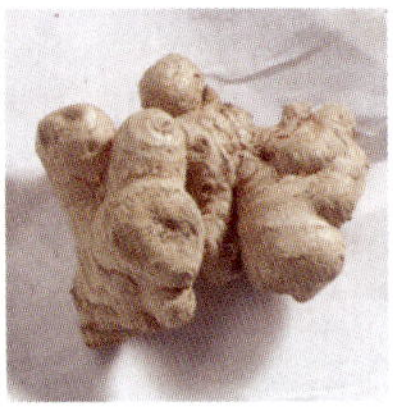

조리법

01 새우와 배추는 깨끗이 씻고, 계란은 기름에 부쳐서 잘게 썬다.

02 육수를 끓인 뒤 새우, 설탕, 배추를 넣고 끓여 새우가 익었을 때 생강, 파, 미나리, 고수, 잘게 썬 계란 등을 넣고 끓인다.

03 마지막에 코코넛 우유를 넣고 한번 더 끓여 완성한다.

효능

동맥경화 예방에 좋은 효과가 있다. 삶은 새우는 혈전 발생으로 인한 동맥경화에 효과가 있다.

참고사항

신선한 새우를 끓는 물에 잠시 데친 뒤 죽을 만들면 새우 특유의 비린내를 제거할 수 있다. 새우와 부추를 동시에 볶으면 양기와 정혈을 보충해 주어 면역력 제고에 효과가 있다.

산사매실죽

관상동맥질환

재료

찹쌀 100g, 산사 20g, 매실 15개, 멥쌀 60g, 알룰로스 10g, 물 1500mL

조리법

01 찹쌀을 깨끗이 씻어 물에 1시간 담가둔다. 산사와 매실은 깨끗이 씻은 뒤 씨를 제거한다.

02 먼저 찹쌀과 멥쌀을 함께 넣고 끓여 쌀이 걸죽해지면 산사와 매실을 넣는다.

03 매실과 산사가 부드럽게 되어 진한 즙이 우러나올 때까지 끓여 알룰로스를 넣어 완성한다.

효능

어혈을 제거하고 고지혈증의 완화로 혈액순환을 촉진시킨다. 매실과 산사를 멥쌀과 배합하면 혈액순환을 촉진시켜 관상동맥질환에 효과가 있다.

참고사항

위의 재료는 평소 습관적으로 소화불량을 호소하는 사람들에게는 신중하게 접근하고 알칼리 성분을 함유한 시금치, 유채, 양배추 등으로 위산을 중화시킬 수 있도록 만드는 것이 바람직하다.

구기자시금치돼지간죽

재료

돼지간 200g, 멥쌀 100g, 시금치 160g, 구기자 20g, 소금 5g, 물 1000mL

조리법

01 깨끗이 씻은 돼지간을 끓는 물에 데쳐서 잘게 썬다. 시금치도 깨끗이 씻어 끓는 물에 데친 뒤 물에 헹구어 잘게 썰고, 구기자는 씻어 물에 담가둔다.

02 멥쌀을 끓여 죽을 만든 뒤 돼지간을 넣고 2분정도 더 끓인다.

03 구기자 넣고 한번 더 끓인 뒤 마지막에 시금치를 넣고 한소끔 끓여 소금을 넣어 완성한다.

효능

혈액의 생성을 돕고 오장을 편안하게 한다. 돼지 간, 시금치, 구기자 등의 식재료는 혈액순환을 촉진시키며, 동시에 독소를 배출하여 오장을 편안하게 한다.

참고사항

다음과 같은 순서로 만들 수도 있다. 먼저 돼지 간을 냄비에 넣고 끓인 국물에 멥쌀을 넣고 한번 더 끓여 죽이 완성될 때에 시금치, 구기자 등을 넣고 끓여서 죽을 완성할 수도 있다. 구기자는 유럽에서는 일명 "과일 비아그라"라 불리는 좋은 식재료로 온수에 잠시 씻은 후 직접 복용하거나, 구기자차로 활용할 수도 있다.

12. 지방간

인체의 장기 중 물질대사 활동이 가장 활발한 기관(器官)인 간장(肝臟)의 보호를 위해 평소에도 늘 주의해야 한다. 지방간은 체내 지방대사의 교란으로 인해 간세포내에 지방이 축적된 것으로 비만, 지나친 음주, 영양과잉 등에서 발생한다. 지방간의 초기에는 대부분 특별한 증상을 느끼지 못하며 적당한 식이요법으로 정상을 회복할 수 있다. 그러나 지방간의 지속시간이 긴 경우 간(肝) 조직의 섬유화는 물론 간경화를 초래할 수도 있다.

지방간 환자의 주요 증상은 극심한 피로감, 식후 복부팽만감, 식욕부진, 구역질, 구토, 우측 상복부 통증 및 불편함 등이 있다. 지방간이 극심할 경우 코피를 흘리거나, 배변시 흑변(黑便)의 증상이 나타날 수도 있다. 만성 간염환자는 체력소모가 많은 활동은 자제해야 한다. 일부 간염환자는 합병증으로 지방간이 발생할 수도 있으며, 임신 후반기의 여성도 급성지방간이 발생할 가능성이 높다. 연구에 의하면 당뇨병 환자의 지방간 발생율은 25%에 이르고, 과도한 음주를 10년 이상 지속한 사람의 경우 지방간 발생 비율은 90% 정도에 이른다고 한다.

지방간의 치료는 스트레스 관리와 약물치료도 중요하지만 식이요법으로 음식을 조절하는 것이 관건이다. 특히 고단백, 저열량, 저지방의 식재료를 활용하며, 예를 들면, 김, 말린 새우, 소라, 풋고추, 향부자 등은 지방간의 치료에 유익하다.

연구 결과에 의하면 토마토, 맥주 효모 등은 간병의 치료에 효과가 좋다고 하며 호두 역시 간경화를 치료하는 성분을 포함하고 있다고 한다. 구기자는 지방간의 예방과 치료에 좋으며 인삼은 간장(肝臟)의 기능을 증강시키고 버섯과 배는 간병(肝病)에 일정한 효능이 있다고 한다. 또한 신선한 야채, 과일, 당근, 해바라기 씨, 호박 등을 자주 섭취하는 것은 간을 보호하고 건강하게 할 수 있는 방법이다. 간경화 환자는 반드시 고단백, 고탄수화물, 고비타민 등을 섭취해야 하며 비장(脾臟)을 튼튼히 하고 습(濕)을 제거할 수 있는 평성(平性), 량성(凉性)의 식품 섭취가 중요하다. 예를 들면 율무, 참깨, 유채, 시금치, 유채, 두부, 팥 등의 식재료와 배, 사과, 대추, 귤, 키위, 복숭아, 수박, 참외, 자두 등의 과일, 그리고 오징어, 잉어, 미꾸라지, 돼지 간 등이다. 반면, 절대적으로 금기해야 할 음식은 콜레스테롤 함량이 높은 고열량의 음식들이다.

산사고구마귀리죽

지방간

재료

산사 30g, 고구마 150g, 귀리분말 100g, 꿀 30g, 물 1200mL

조리법

01 산사와 고구마를 깨끗이 씻어 잘게 썬다.

02 귀리 분말로 죽을 끓여 60%정도 완성되었을 때 산사와 고구마를 넣고 죽을 끓인다.

03 꿀을 넣어 완성한다.

효능

고지혈증의 치료와 함께 구역질을 완화시킨다. 귀리에 함유된 리놀산은 지방간의 치료에 일정한 역할을 한다. 특히 산사, 고구마, 꿀과의 배합은 소화를 촉진시킬 뿐만 아니라 불필요한 지방의 제거에 도움을 줘 동맥경화 완화에 유용하다.

참고사항

고구마는 위장의 소화와 배변활동을 촉진시키지만 과식할 경우 복부 팽만감을 유발시킬 수 있다. 따라서 당뇨병 및 설사 환자는 주의한다. 또한 죽을 끓일 때 먼저 산사, 꿀, 고구마 등을 넣고 죽이 완성되면 마지막에 귀리 분말을 넣는 것도 좋은 방법으로 조리시간도 단축시킬 수 있다.

홍화산사진피죽

지방간

재료

홍화 20g, 진피(건조 귤피) 20g, 산사 100g, 멥쌀 100g, 물 1200mL

조리법

01 홍화는 씻어 물기를 제거한다. 산사는 깨끗이 세척 후 씨앗을 제거한 뒤 잘게 썬다. 진피는 세척 후 건조시켜 분말로 만든다.

02 냄비에 물을 붓고 멥쌀, 홍화, 산사편, 진피 분말을 함께 넣고 끓여 죽을 완성한다.

효능

원활한 혈액순환과 경락의 소통으로 간장의 기능을 활성화시킨다. 홍화는 혈전을 제거하고 혈액순환을 원활하게 함은 물론 진통효과에도 좋은 식재료이다. 홍화와 산사, 귤피의 배합은 혈액순환 뿐만 아니라 간장의 기능을 촉진 및 보호하는 목적으로 활용할 수 있다.

참고사항

홍화는 자궁을 흥분시키는 작용이 있고, 산사는 자궁의 수축을 유발할 수 있는 성분이 있어 임신부에게 유산을 초래할 수 있으므로 유의해야 한다. 재료 중 신선한 귤껍질을 진피로 대체할 경우 죽의 재료로 활용하기 전에 먼저 물에 담가 부드럽게 만든 후 사용해야 한다. 일반적으로 신선한 약재를 사용할 경우에는 건조한 약재의 두배 중량을 사용한다.

표고버섯소라유채죽

지방간

재료

멥쌀 100g, 생 표고버섯 4개, 소라 2개, 유채 30g, 무 30g, 참기름 10g, 소금 5g, 물 1000mL

조리법

01 표고버섯과 무를 잘게 자른다. 소라를 끓는 물에 익힌 뒤 소라살, 표고버섯, 무를 참기름에 볶아 소금으로 간한다.

02 멥쌀로 죽을 끓인 뒤 1)번의 재료를 넣고 약한 불에서 끓인다.

03 유채를 넣어 한소끔 끓여 완성한다.
유채꽃으로 장식한다.

효능

소화기계를 편안하게 하면서 고지혈증의 치료에 도움을 준다. 소라는 해열과 함께 눈을 밝게 하는 효능이 있고, 표고버섯은 고지혈증과 콜레스테롤을 낮추는 효능이 있어 두 식재료의 배합은 지방간 환자의 치료에 좋다.

참고사항

소라를 깨끗이 씻은 후 잘게 썰은 소라를 참기름에 볶고 물로 끓여 만든 소라탕에 멥쌀을 넣고 끓여 죽을 완성할 수도 있다. 소라살은 세균에 의한 식중독을 방지하기 위해 반드시 끓는 물(중심온도 85℃) 에서 10분정도 삶는다.

오징어감자죽

지방간

재료

감자 1개, 표고버섯, 오징어, 돼지고기 각 20g, 멥쌀 100g, 생강 10g, 소금 3g, 물 1000mL

조리법

1. 감자, 표고버섯, 오징어, 돼지고기는 깨끗이 씻어 잘게 썰고 참기름에 볶아 소금으로 간한다. 멥쌀과 생강은 깨끗이 씻은 뒤 생강은 즙을 낸다.
2. 먼저 멥쌀을 넣고 끓기 시작하면 감자, 표고버섯, 오징어, 돼지고기 등을 넣고 끓인다.
3. 죽이 걸죽해지면 생강즙을 넣어 완성한다.

효능

간기능 개선에 좋은 음식이다. 오징어는 간장의 해독기능을 돕는 기능이 있는데 감자, 표고버섯, 돼지고기 등과 배합으로 신진대사가 원활해질 뿐만 아니라 간기능 개선에도 유익하다.

참고사항

오징어는 죽의 재료로 활용하기 전에 먼저 끓는 물에 잠시 데쳐 비린내를 제거할 필요가 있다. 이때 물량은 가능한 적게하는 것이 좋다.

13. 골다공증

골다공증은 체내 에스토로겐의 결핍 또는 노령화에 따라 뼈의 대사과정 중 칼슘, 인 등의 부족으로 골밀도가 점차 감소되는 일종의 골격질환이다. 주로 중·노년층에서 발병하며 특히 여성 노인층에서 많이 발생하는데 이는 폐경기 이후 여성호르몬의 현저한 결핍과 밀접한 관련이 있다. 골다공증의 원인은 주로 내분비, 유전, 영양부족 및 운동부족 등이다. 또한 연령과 성별은 물론 기타 질병과 약물의 영향 역시 밀접한 관계가 있다. 예를 들면, 당뇨병, 영양부족, 호르몬제의 장복 등을 들 수 있다. 골다공증의 초기에는 대부분 특별한 증상이 없으나 연령의 증가에 따라 허리가 구부러지고, 요통과 각종 관절통으로 행동이 자유롭지 못한 증상들이 나타나게 된다. 동시에 휴식 후에도 회복되지 않는 극심한 피로감과 사지의 무력감 등이 수반되어 골 조직구조의 변화로 취약성이 급증하기 때문이다. 골다공증 환자에게 가장 위험한 상황은 고관절 골절과 합병증이다.

골다공증의 식이요법은 칼슘과 비타민이 풍부한 양뼈, 돼지뼈, 우골, 대추, 우슬 등의 식재료로서 골다공증의 증상을 치료 및 개선시킬 수 있다.

평소 음식 중 칼슘, 인 등의 성분이 많이 함유된 음식을 섭취하면 골다공증에 걸릴 위험이 상대적으로 적다. 칼슘과 인 이외에 아연, 마그네슘, 망간, 구리, 철 등 미량원소의 식품을 충분히 섭취해야 한다. 미량원소를 다량 함유한 식품은 수산물, 콩류, 야채류, 계란류, 유제품 등이다. 골다공증은 한의학적 이론으로는 신기(腎氣)의 쇠약(衰弱)이 주원인이고, 그 치료를 위한 식재료로 호두, 참깨, 검은 목이버섯, 비둘기, 바다새우, 섭조개, 유제품, 녹색 채소 및 어류 등이다. 연령대별 소화기능에 따라 음식의 횟수와 양을 조절함으로써 식욕을 잃지 않도록 해야한다.

주의사항은 맹목적으로 돼지뼈탕, 자라탕 등 각종 기름진 음식의 장기간 섭취는 지양해야 한다.

율무호박우유죽

골다공증

재료

율무 100g, 호박 100g, 우유 50g,
알룰로스 10g, 물 1000mL

조리법

01 호박은 깨끗이 씻어 껍질을 제거한 뒤 직당한 크기로 잘라 찜통에 넣고 찐다. 율무는 깨끗이 씻어 물에 3시간 담가둔다.

02 냄비에 물을 끓인 후 율무를 넣어 물이 끓어 오르면 약한 불로 줄인다.

03 죽이 끓어 오르면 찐 호박을 넣고 끓여준다. 마지막에 우유를 넣고 섞은 뒤 기호에 따라 알룰로스를 넣어 완성한다.

효능

골다공증을 예방한다. 우유에 풍부한 칼슘과 비타민 D는 골격과 치아의 건강한 발육에 도움이 된다. 호박도 칼슘이 풍부한 식재료로서 우유와의 배합으로 골다공증과 골격근 질환을 예방할 수 있다.

참고사항

우유는 고온에 장시간 노출시키면 색, 향 및 맛에 변화가 발생할 뿐만 아니라 영양가의 손실도 따른다. 호박은 기를 보충하며 폐기능을 촉진시키고 혈당을 내리며 미용에도 좋은 식재료이다. 비만과 중노인에게는 적당한 식재료이지만, 황달, 각기병, 복부팽만감 등의 환자에게는 적합하지 않다.

구기자우슬조죽

골다공증

재료

좁쌀 200g, 구기자 30g, 우슬 30g,
알룰로스 10g, 물 1500mL

조리법

1 우슬은 씻어 물에 불려 자르고, 좁쌀은 씻어 물에 1시간 담궜다가 물기를 제거한다.

2 냄비에 물과 좁쌀, 구기자, 우슬을 넣고 센 불로 물이 끓어 오르면 약한 불로 줄인다.

3 약불에서 30분간 더 끓여 기호에 따라 알룰로스를 넣어 완성한다.

효능

기혈을 보충하고 골격을 튼튼하게 한다. 우슬은 혈전의 용해와 혈액순환을 촉진시키며 구기자와 좁쌀의 배합으로 소화기계의 원활한 활동을 돕고 혈압을 강하시키는 효능이 있다. 따라서 평소 소화불량과 고혈압 환자에게도 적당하다.

참고사항

위의 식재료에 대추를 넣으면 한층 강화된 효능과 풍미를 더할 수 있을 뿐만 아니라 미용효과도 기대할 수 있다.

좁쌀은 살구씨와 음식 궁합이 맞지 않아 함께 섭취하면 설사나 구토를 유발할 수 있으므로 함께 사용하지 않도록 주의해야 한다.

대추호박보리죽

골다공증

재료

대추 10개, 호박 100g, 보리쌀 150g, 흑설탕 10g, 물 2000mL

조리법

01 호박은 씻어 잘게 썰고, 대추는 씨앗을 제거하며 보리쌀은 물에 1시간 이상 담가둔다.

02 먼저 보리쌀을 센 불로 3분간 끓인 뒤 대추를 넣고 약한 불로 줄여 보리가 물러질 때까지 끓인다.

03 호박을 넣고 걸죽해졌을 때 흑설탕을 넣어서 완성한다.

효능

혈액순환과 골수의 생성을 돕고 칼슘 부족으로 인한 골다공증 등을 예방한다.

참고사항

위의 식재료를 모두 준비한 뒤 냄비에 함께 넣고 죽을 끓여도 된다. 보리쌀은 유즙의 분비를 중단시키는 작용이 있어 임신부나 수유기의 여성은 신중하게 사용해야 된다.

오디우골죽

골다공증

재료

상심자(오디) 25g, 우골 300g, 멥쌀 100g, 청주 15g, 파 20g, 생강 10g, 알룰로스 10g, 물 800mL

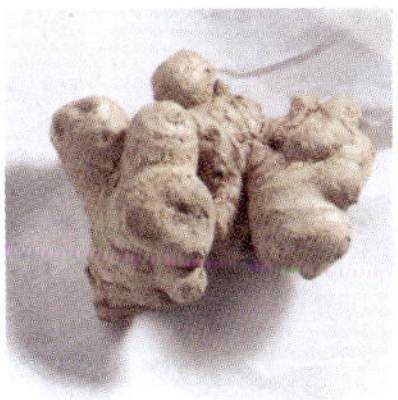

조리법

1 멥쌀은 깨끗이 씻어 물에 1시간 담가둔다.

2 우골을 깨끗이 씻어 끓일 때 거품을 제거한 뒤 생강, 청주, 파를 넣고 한번 더 끓여 탕이 백색으로 변할 때까지 곰국을 만들어 기름기를 제거하고 여과한다.

3 곰국 800mL에 멥쌀을 넣어 죽이 반쯤 완성되었을 때 오디와 알룰로스를 넣고 끓여 죽을 완성한다.

효능

혈액 등 각종 체액의 생성을 돕고 근육을 강화시키는 효능으로 골다공증, 갱년기종합증 등의 치료에 도움이 될 수 있다.

참고사항

위의 재료 중 오디는 철제 요리기구와 접촉하면 화학반응으로 독소가 생성될 수 있으므로 유의해야 한다. 오디에는 탄닌이 풍부하게 함유되어 있어 철, 칼슘, 아연 등의 미량 영양소의 흡수를 방해하므로 성장기 아동에게는 과용하지 않도록 한다.

새우김죽

골다공증

재료

대하 200g, 김 10g, 멥쌀 75g, 파 10g, 국간장 3g, 청주 5mL, 소금 1g, 참기름 5g, 생강 5g, 후추 약간, 물 800mL

조리법

01 대하를 씻어 잘게 자른 뒤 참기름, 생강즙을 넣고 볶다가 청주, 국간장을 넣는다. 김과 멥쌀은 깨끗이 씻어 둔다.

02 멥쌀로 죽을 만든 뒤 대하와 김을 넣고 센 불로 한번 더 끓인다.

03 마지막으로 파, 소금, 후추를 넣어 완성한다.

효능

기혈을 보충하고 근력을 증진시킨다. 대하는 인체 골격 발육을 촉진시키며 김, 멥쌀과의 배합으로 칼슘을 보충하는 효과가 제고되어 성장기 아동이나 골다공증 환자에게 적합한 식재료이다.

참고사항

대하를 볶거나 삶을 때 적당량의 생강을 넣으면 대하의 풍미를 한층 더 증가시킬 수 있다.
대하는 임산부의 칼슘 보충을 위해서도 유용한 식재료이다.

14. 설사

설사는 배변의 횟수가 증가하면서 묽은 변, 심할 경우 물과 같은 배변현상과 함께 복통을 호소하는 증상을 말한다. 설사의 원인은 다양하지만 소화기계의 기능상실과 바이러스 및 세균의 접촉 등과 밀접한 관련이 있다. 설사 환자에 대해서는 병인을 정확히 파악하고 동시에 소화기계의 기능을 활성화시키면서 수렴시사 작용이 있는 식재료를 활용하는 것이 중요하다.

세균성 설사를 제외한 일반적인 설사의 경우 한의학적 관점은 다음과 같다.

첫째, 평소 몸이 찬 체질(寒性體質)은 대변의 횟수가 현저히 증가하고, 묽은 설사가 심해 소화가 되지 못한 음식의 분별이 가능하며, 심한 복통과 장명(腸鳴)을 호소한다. 또한 갈증이 없을 수 있고 경우에 따라서는 따뜻한 물을 마신다. 전반적으로 몸이 차고 따뜻한 음식을 좋아하며 유익한 식재료는 팥, 감자, 소고기, 귤, 복령 등이 있다.

둘째, 정기가 부족하지 않은 상태에서 사기(邪氣)의 침범으로 인한 설사는 복통과 급한 실사의 특징이 있는데, 일반적으로 황갈색이면서 심한 악취가 난다. 또한 항문의 작열감과 함께 갈증을 느끼고 소변량은 적고 색은 황색을 나타낸다. 유익한 식재료는 옥수수, 율무, 동과, 오이, 비름나물, 유채, 두유 등이 있다.

셋째, 허증(虛證) 즉, 체내 에너지의 부족으로 인한 설사 환자는 평소 안색이 창백하고, 심신의 피로를 쉽게 느끼고 현기증을 수반하게 된다. 평소 묽은 대변을 보는 경우가 많고, 경우에 따라서는 소화가 되지 않은 분변과 복부팽만감 및 설사시 장명(腸鳴)을 수반한다. 유익한 식재료는 닭고기, 여시, 이류 등이 있다.

각종 설사에 대한 일반적인 식재료는 양고기, 고량강, 곽향, 패란, 신국, 매실 등이며, 설사의 증상을 완화시킬 수 있다.

산약양고기죽

설사

재료

산약(마) 100g, 양고기 100g, 멥쌀 100g, 생강 5g, 소금 5g, 참기름 5g, 후추 약간, 물 1000mL

조리법

01 양고기를 깨끗이 씻은 뒤 잘게 썰어 참기름에 볶아 둔다. 멥쌀은 씻어 물에 1시간 담근다. 산약은 잘게 썰고 생강은 즙을 낸다.

02 멥쌀을 냄비에 넣고 물이 끓어 오를 때 익힌 양고기를 넣는다.

03 잠시 후 산약과 생강즙을 넣고 약한 불로 줄여서 죽을 끓여 소금, 후추를 넣어 완성한다.

효능

소화기계의 원활한 기능을 도와 급·만성장염을 예방한다.

참고사항

먼저 잘게 썬 양고기를 생강즙과 청주에 담가 둔 뒤 참기름에 볶아 익혀 죽의 재료로 활용해도 좋다. 양고기 특유의 냄새는 몇 개의 호두를 빻아 양고기와 함께 냄비에 넣고 익히면 제거될 수 있다.

황기진피죽

설사

재료

생황기 30g, 멥쌀 100g, 진피(귤껍질) 1g, 흑설탕 10g, 물 1350mL

조리법

1 멥쌀과 진피를 깨끗이 씻은 뒤 진피는 그늘에 말려 분말로 만든다.

2 냄비에 황기와 물 1000mL를 넣고 끓여 얻은 황기즙을 센 불로 끓여 진한 황기즙으로 만든다.

3 황기즙, 멥쌀과 물 350mL를 넣고 끓여 죽이 완성되면 흑설탕과 진피 분말을 넣어 한소끔 끓여 완성한다.

효능

만성설사병 환자의 치료에 사용할 수 있다. 황기는 소화기계의 기를 보충함은 물론 체내 에너지 순환의 문제로 인해 발생하는 장시간의 혈변 또는 지나친 생리량 등의 증상을 예방 및 치료할 수 있다. 진피는 소화기계를 편안하게 할 뿐만 아니라 담을 제거하는 효능 등이 있어 이들의 배합은 만성설사 환자에게 일정한 치료효과가 있다.

참고사항

먼저 진피를 끓는 물로 우려낸 물에 멥쌀을 넣고 1시간 정도 담가 둔 뒤 죽을 끓여도 된다. 평소 기혈이 부족한 환자에게 황기 30g 구기자 15g 정도를 함께 끓여 음용해도 일정한 효과를 얻을 수 있다.

양고기수수죽

설사

재료

양고기 50g, 수수 100g, 생강 10g, 파 20g, 소금 3g, 물 1000mL

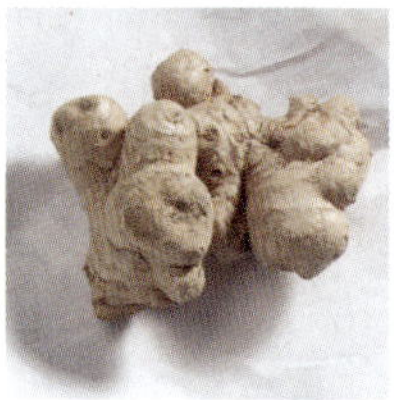

조리법

01 수수를 깨끗이 씻어 물에 2시간 동안 담가두고, 양고기는 깨끗이 씻어 잘게 썰어둔다. 생강은 즙을 내고 파는 씻어 잘게 썬다.

02 냄비에 물이 끓을 때 수수를 넣고 끓여 수수가 익었을 때 양고기, 소금을 넣어 끓이다가 마지막에 생강즙을 넣고 끓인다.

03 수수가 물러질 때 파를 넣어 완성한다.

효능

설사를 멎게하고 혈액을 보충하여 면역력을 제고시킨다. 양고기와 수수는 모두 풍부한 영양소를 함유하고 있으며 특히 평소 몸이 차가운 사람들의 설사에 좋은 효과가 있다.

참고사항

위의 죽에 약간의 당근과 기타 식재료를 사용해서 지사작용을 높힐 수 있다. 양고기 특유의 냄새는 비위가 약한 사람들에게는 거부감을 줄 수 있으므로 유의해야 한다.

복령밤죽

설사

재료

복령 15g, 밤 25g, 대추 35g, 멥쌀 100g, 알룰로스 6g, 물 1000mL

조리법

1 멥쌀은 깨끗이 씻어 물에 1시간 담가 둔다. 대추, 복령, 밤 등을 깨끗이 씻은 뒤 대추는 씨를 제거하고 잘게 썬다. 복령은 그늘에 말려 분말로 만든다.

2 먼저, 밤, 멥쌀, 대추를 넣고 끓여 쌀이 반쯤 익었을 때 복령 분말을 넣고 완전히 익힌 뒤 알룰로스를 넣어 완성한다.

효능

소화기계를 튼튼하게 하면서 몸속의 습을 제거해 지사효과가 있다. 복령과 밤의 배합은 소화기계의 원활한 작용을 도울 뿐만 아니라 몸속의 습을 제거해 지사작용에도 좋은 효과가 있다. 평소 식욕부진과 힘이 없고 비위가 약하면서 대변이 묽거나 설사를 자주하는 사람들에게 일정한 효과가 있다.

참고사항

복령은 습기와 벌레의 방지를 위해 반드시 그늘에 말려 건조한 상태로 보관해야 한다. 복령을 부말 상태로 죽에 이용하면 식감과 소화흡수에 좋다.

15. 습진

습진은 일종의 과민성 피부질환으로 발병부위가 일정하지 않으며 원인도 복잡다양하다. 습진의 특징은 첫째, 습진의 형태가 다양하다. 홍색의 반진(斑疹 : 피부의 검붉은 얼룩 점), 구진(丘疹 : 살갗에 돋아나는 발진), 수포(水疱) 등이다. 둘째, 습진은 진물이 흐르거나 심할 경우 썩어 문드러진 듯한 진물이 흐른다. 셋째, 습진이 심할 경우 피부의 색소가 침착되거나 기칠이지며 극심한 가려움증 등을 수반하게 된다.

본질적으로 습진은 각종 내외 요인으로 발생하는 피부의 과민성 염증반응이라 할 수 있다. 한의학에서 습진은 장부(臟腑)의 정상적 기능 여부, 신체의 기혈(氣血) 및 음양(陰陽)의 상태와 밀접한 관련이 있다. 특히 가장 큰 내적 요인은 심장의 화기(心火)와 소화기관의 허약(脾虛)함이며, 외적 요인은 물리 화학적 자극과 풍습열독(風濕熱毒) 등이다. 따라서 습진 환자는 평소 식습관에 각별한 주의가 필요하며 비타민이나 미네랄의 합리적인 섭취와 함께 체내의 습(濕)을 제거할 수 있도록 담백한 식습관을 유지할 필요가 있다. 예를 들면, 신선한 과즙, 당근, 녹차 등과 함께 녹두, 동과, 연자, 백편두, 강낭콩, 여주, 딸기 등 습(濕)과 열(熱)을 제거하는 식재료를 활용하는 것이 좋다. 금기식품은 술, 커피, 맵고 자극적인 음식, 튀김 등이다. 또한 각종 해산물과 지나치게 달고 단백질 함량이 높은 음식은 주의하는 것이 좋다.

검실복령죽

습진

재료

멥쌀 100g, 검실 50g, 복령 50g, 소금 2g, 물 1300mL

조리법

01 멥쌀은 깨끗이 씻어 물에 1시간 담가두고, 검실과 복령은 분말로 만들어 5배의 온수에 섞어 걸죽한 상태로 만들어 둔다.

02 냄비에 물과 멥쌀을 넣고 센 불로 끓인다.

03 다시 검실과 복령을 넣고 잘 섞은 뒤 약한 불로 줄여 죽이 완성되면 소금을 넣어 완성한다.

효능

체내 독소를 배출하면서 체내 에너지원인 체액의 불필요한 체외 배출을 억제시킨다. 검실과 복령의 배합은 만성설사, 빈뇨, 몽정 그리고 여성의 냉대하 등의 치료에 일정한 역할을 할 수 있다.

참고사항

위의 재료에 녹두를 가미하면 해열, 이뇨작용과 함께 독소를 배출하는 효능이 뛰어나 습진의 예방 및 치료에 도움이 될 수 있다.

딸기녹두죽

습진

재료

딸기 125g, 찹쌀 100g, 녹두 50g,
물 1300mL

조리법

1 녹두를 깨끗이 씻어 물에 3~4시간 담가둔다. 찹쌀과 딸기는 깨끗이 씻어 둔다.

2 찹쌀과 녹두를 센 불로 끓여 물이 끓어 오르면 약한 불로 줄여 찹쌀이 물러지고 녹두가 익을 때까지 끓인다.

3 딸기를 넣어 완성한다.

효능

체내의 해열, 해독 및 진액을 생성시킨다. 딸기, 녹두, 찹쌀의 배합은 해열, 해독 및 체내의 습을 제거하는 효능으로 습진환자에게 이상적인 음식이다.

참고사항

딸기를 넣을 때는 반드시 죽이 완성된 뒤에 넣어, 바로 불을 꺼야 딸기의 향과 맛을 유지시킬 수 있다. 딸기는 비타민 C가 풍부하므로 껍질을 제거한 레몬과 함께 믹서기로 갈아 즙을 만든 뒤 적당량의 요구르트, 얼음 그리고 설탕 등을 넣어서 여드름 환자용 음료로도 활용할 수 있다.

토마토강낭콩당근죽

습진

재료

토마토 2개, 멥쌀죽 200g, 강낭콩, 양파, 감자 각 100g, 당근 30g, 파슬리 10g, 베이컨 1장, 마늘 5g, 식용유 15g, 소금 3g, 후추 약간, 물 500mL

조리법

01 강낭콩을 삶아 익히고, 양파, 감자, 파슬리, 당근, 토마토, 베이컨을 잘게 썰고 마늘은 다져놓는다.

02 먼저 감자와 당근을 식용유로 2분정도 볶은 뒤 다시 양파, 베이컨, 마늘 등을 넣고 볶아 양파가 물러지면 약한 불로 줄여 토마토를 넣고 2분간 더 볶는다.

03 강낭콩과 멥쌀죽을 넣고 센 불로 끓인 뒤 파슬리, 소금, 후추를 넣어 한소끔 끓여 완성한다.

효능

풍부한 비타민을 제공하며 소염, 진통효과가 있다. 토마토는 해열, 해독 기능과 함께 습진이 악화되는 것을 예방할 수 있고, 강낭콩과의 배합으로 풍부한 비타민 공급 및 소염, 진통작용을 할 수 있다.

참고사항

토마토는 뜨거운 물에 잠시 넣었다 꺼내면 쉽게 껍질을 벗길 수 있다. 강낭콩은 철분을 풍부하게 함유하고 있으며 적혈구 생성에 도움을 줄 수 있어 철분 부족으로 인한 빈혈환자에게 적합한 식재료이다.

오이미역율무죽

습진

재료

오이 240g, 김치 80g, 미역 40g, 멥쌀, 율무 각 50g, 참기름 10g, 소금, 물 1200mL

조리법

1 멥쌀은 물에 1시간 담가두고, 깨끗이 씻은 율무는 물에 3시간 담가둔다. 오이와 김치는 씻어 잘게 썰어 두고, 미역은 물에 불린 뒤 잘게 썬다. 김치와 미역은 참기름에 살짝 볶아준다.

2 먼저 멥쌀과 율무로 만든 죽에 미역과 김치를 넣고 한번 더 끓인다.

3 오이를 넣고 죽을 한소끔 끓여 소금을 넣어 완성한다.

효능

이뇨작용으로 체내의 습을 제거해서 가려움증과 습진의 치료에 도움을 준다. 오이, 미역, 멥쌀의 배합은 해열, 이뇨작용으로 몸의 붓기를 제거하며 콜레스테롤을 낮추는 데도 효과적이다. 또한 다이어트 음식으로도 적합하다.

참고사항

위의 재료에 당근과 토마토를 넣어 완성된 죽은 아름다운 색으로 식욕을 증진시킬 수 있다. 또한 미역 30g, 동과 100g, 율무 30g을 동시에 끓인 죽은 고혈압과 고지혈증 치료에 도움을 줄 수 있다.

대추제비콩죽

습진

재료

대추 70g, 제비콩 60g, 율무 분말 20g, 흑설탕 10g, 물 1200mL

조리법

01 대추를 깨끗이 씻어 씨를 제거하고 잘게 썬다. 제비콩은 씻어 물에 잠시 담가둔다.

02 냄비에 물, 대추, 제비콩을 넣고 끓여 콩이 물러질 때 율무분말을 넣어 한소끔 끓이고 적량의 흑설탕을 넣어 완성한다.

효능

체내의 해열과 제습작용으로 습진을 예방할 수 있다. 제비콩은 소화기계를 튼튼하게 함과 동시에 체내의 습을 제거하는 작용이 있는데 대추와의 배합으로 기혈을 보충함으로써 심신안정의 효과가 증진되어 습진환자에게 이상적인 배합이다.

참고사항

율무는 체내의 습을 제거하는 효능이 증진되며 죽의 점도를 향상시킬 수 있다. 제비콩은 소량의 독성을 함유하고 있으므로 유의해야 한다.

16. 여드름

여드름은 주로 청춘기에 나타나는 증상으로 모낭이나 피지선이 막히거나 염증이 발생하는 일종의 피부질환으로 주로 얼굴에 많이 발생한다. 일반적인 발병 연령은 여성이 남성보다 빠르며, 여드름이 심각한 상황으로 발전하는 경우는 남성이 여성보다 많다.

여드름은 주로 청춘기에 발병이 시작되는데 남성호르몬이 증가하고, 피지선이 커지면서 동시에 피지의 분비물이 많아져서 피지선의 과도한 각화(角化)현상과 피지가 모낭에 적체되어 발생한다. 연구결과에 따르면 여드름의 원인은 유전, 내분비 기능의 장애, 고지방 고열량의 식습관, 기름기가 많은 음식, 맵고 자극적인 음식 등은 물론 일종의 화학적 요인 등과도 밀접한 관련이 있다.

여드름 발생시 모낭 구멍과 비슷한 황백색의 작은 원추형의 구진(丘疹 : 살갗에 돋아나는 발진)이 발생하는데 정상부위가 검은색으로 변할 때 눌러서 빼어내면 황백색의 지방덩어리를 확인할 수 있다. 여드름 주위의 염증이 지속적으로 감염시에는 작은 쌀알과 콩알 크기의 큰 고름 덩어리(膿疱)도 확인할 수 있다. 치료 후에도 피부 표면이 울퉁불퉁한 요철(凹凸)처럼 흔적이 남거나 큰 멍울(結節)이 남을 수도 있다. 심각할 경우 손톱 크기의 타원형 낭종(囊腫)으로 발전할 수도 있으며, 경우에 따라서는 끈적끈적한 분비물이 발생하여 치료가 단시간에 끝나지 않는 어려움도 있다.

본 질환은 약물에 의한 치료보다 충분한 수분 흡수, 과일과 채소를 충분히 섭취 및 담백한 식생활을 유지하는 것이 중요하다. 예를 들면, 레몬, 호두, 사과, 배, 토마토, 동과, 해바라기씨, 팽이버섯, 시금치 등은 여드름의 증상을 완화시키는데 유용하다. 반면, 각종 동물성 지방, 계란 노른자 및 비린내가 심한 해산물(새우, 게, 갈치 등), 맵고 자극적인 음식, 고열량의 음식 및 알코올 등은 주의해야 한다.

여주연밥죽

재료

여주 100g, 연밥 30g, 멥쌀 100g,
알룰로스 10g, 소금 3g, 물 1000mL

조리법

01 여주는 깨끗이 씻어 잘게 썰고, 연밥은 깨끗이 씻은 후 물에 하룻밤 담가둔다. 멥쌀은 깨끗이 씻어 물에 1시간 담가둔다.

02 냄비에 분량의 물을 붓고 여주, 멥쌀, 연밥을 함께 넣고 센 불로 끓여 물이 끓기 시작하면 약한 불로 줄인다.

03 쌀이 물러질 때까지 끓여 알룰로스와 소금을 넣고 완성한다.

효능

해열작용과 함께 체내의 습을 제거하는 효능으로 여드름 치료 및 예방에 일정한 효과가 있다. 여주는 해열 및 해갈작용과 함께 신진대사를 원활하게 해서 여드름 치료에 효과가 있고 동시에 미용효과도 있다.

참고사항

만약 쓴맛을 싫어하는 사람이라면 깨끗이 씻은 여주의 속을 제거한 뒤 잘게 썰어 끓는 물에 살짝 데치거나 익혀 멥쌀로 만든 죽에 넣어 식용하면 된다. 여주는 과식하면 구역질, 구토를 유발할 수도 있으므로 주의해야 한다.

팽이버섯시금치죽

여드름

재료

팽이버섯, 시금치 각 100g, 찹쌀 30g,
멥쌀 30g, 좁쌀 30g, 귀리 30g,
육수용 멸치 10마리, 건 명태머리 1개,
다시마 1조각, 무 100g,파 50g, 물 1200mL

조리법

1 찹쌀, 멥쌀, 조, 귀리는 깨끗이 씻어 냄비에 물 700mL를 넣고 15분간 끓인다. 멸치 육수는 물 500mL에 멸치, 명태, 무, 파를 넣어 끓이고, 마지막에 다시마를 넣었다가 빨리 꺼내어 만든다.

2 1)에 멸치 육수를 넣고 중불로 한번 더 끓인다

3 죽이 거의 완성되었을 때 팽이버섯을 넣고 죽이 끓기 시작하면 약한 불로 줄여 시금치를 넣고 한소끔 끓여 완성한다.

효능

각질층을 부드럽게 하고 여드름의 생성을 예방한다. 팽이버섯과 시금치의 배합은 각질층을 부드럽게 할 뿐만 아니라 여드름 발생 가능성을 감소시킨다.

참고사항

팽이버섯은 차가운 성질의 식재료로서 평소 묽은 변이 잦거나 찬음식을 섭취한 뒤 설사 증상이 잦은 사람은 신중하게 사용해야 한다. 또한 팽이버섯은 날것을 섭취하지 말고 반드시 끓는 물에 살짝 데친 후 사용해야 리스테리아 식중독을 예방할 수 있다.

굴미역죽

여드름

재료

굴 150g, 미역 50g, 멥쌀 100g, 청주 10g, 국간장 3g, 참기름 10g, 마늘 10g, 물 1000mL

조리법

01 굴은 깨끗이 씻고, 미역은 물에 불려 씻은 뒤 잘게 썬다. 생강과 파는 깨끗이 씻은 후 잘게 썰고, 멥쌀은 씻어 물에 1시간 담가둔다.

02 냄비에 참기름과 미역을 넣고 볶아 준다. 분량의 물, 멥쌀과 미역을 넣고 끓인다.

03 죽이 80% 완성되었을 때 굴과 청주를 넣고 끓이고 마지막에 마늘과 국간장을 넣어 죽을 완성한다.

효능

혈액을 포함한 각종 체액을 증가시키고 아연성분을 보충한다. 굴은 단백질이 풍부할 뿐만 아니라 다양한 무기질을 함유하고 있어 미역과 배합후 체액의 증가는 물론 칼슘을 보충시켜 근육과 두뇌활동이 많은 청소년들의 원활한 피지선 분비에도 유용하다.

참고사항

신선한 굴은 일반적으로 소량의 식소다를 섞은 따뜻한 물에 잠시 데우면 맛과 신선도를 유지할 수 있다. 굴은 쉽게 변질될 수 있기 때문에 재료로 사용하고 남은 굴은 냉동보관 한다.

완두귀리죽

여드름

재료

신선한 완두콩 50g, 멥쌀 50g, 귀리 20g, 물 800mL

조리법

01 멥쌀, 귀리, 완두콩을 씻어 물에 담가둔다.

02 끓는 물에 멥쌀과 귀리를 넣고 물이 끓기 시작하면 약한 불로 줄인다.

03 죽이 완성될 때에 완두콩을 넣어 완두콩이 물러질 때까지 끓여 완성한다.

효능

소염작용과 함께 붓기와 체내의 독소를 제거한다. 완두는 체내의 발암물질인 니트로아민을 분해시키는 작용이 있어 암세포의 감소 또는 항암식품으로 알려져 있으며, 완두와 귀리의 배합은 체내의 면역력을 제고시킨다.

참고사항

죽을 만들 때 먼저, 냄비에 귀리와 멥쌀을 넣고 죽을 끓여 죽이 완성될 때에 완두를 넣으면 조리시간을 단축시키고, 완두의 색을 유지할 수 있다.

배시금치레몬죽

여드름

재료

시금치 100g, 토마토 1개, 배 150g,
레몬 55g(1/2개), 멥쌀 100g, 물 600mL

조리법

01 시금치는 길게 썰고, 토마토, 배, 레몬은 적당한 크기로 자른다. 모든 재료를 믹서기에 넣고 즙을 만든다. 멥쌀은 씻어 물에 1시간 동안 담가둔다.

02 먼저 멥쌀로 죽을 끓여 80%쯤 완성되었을 때 위 1)의 즙을 천천히 넣으면서 고르게 섞어 끓여 완성한다.

효능

피부의 유지분비를 촉진시킨다. 배와 미나리는 허약한 체질에 보혈작용과 신진대사를 원활하게 하는데 멥쌀과의 배합으로 유지분비를 촉진시켜 여드름 치료와 예방에 활용할 수 있다.

참고사항

시금치, 토마토, 배, 레몬을 적당한 크기로 잘라 샐러드로 활용해도 여드름 치료 및 예방에 동일하게 활용될 수 있다.

배율무죽

여드름

재료

배 1개, 멥쌀, 율무 각 50g, 물 1000mL

조리법

1 멥쌀은 씻어 물에 1시간 담가두고, 율무는 물에 4시간 담가둔다. 배는 씻어 과육만 잘게 썬다.

2 냄비에 물을 넣고 끓인 뒤 율무와 멥쌀을 넣고 물이 끓어 오르면 약한 불로 줄인다.

3 쌀이 물러졌을 때 배를 넣고 한번 더 끓여 완성한다.

효능

해열 작용과 함께 피부를 윤택하게 한다. 율무와 배의 조합은 해열, 해독은 물론 소염작용도 있어 여드름 치료에 좋을 뿐만 아니라 피부를 윤택하게 한다.

참고사항

율무와 멥쌀을 분말로 만들어 물에 개어서 끓는 물에 직접 천천히 넣으면서 골고루 섞어 익힌 뒤 섭취할 수 있다. 여드름 치료기간 중에는 가능하면 자극적인 음식이나 기름기가 많은 음식은 피하고, 채소, 과일 등을 많이 섭취하고 담백한 음식위주로 섭취하도록 한다.

팔보미용죽

여드름

재료

연자(蓮子 : 연밥) 20g, 산약(山藥 : 마) 20g, 의이인(薏苡仁 : 율무) 20g, 검실(芡實 : 가시연밥) 20g, 백합(百合) 20g, 백편두(白扁豆) 20g, 옥수수 50g, 대추 35g, 물 1500mL

조리법

01 연자, 산약(去皮 : 껍질을 벗김), 의이인, 검실, 백합, 백편두, 옥수수, 대추 등을 깨끗이 씻는다.

02 1)에 물 1500mL를 넣어 물이 끓기 시작하면 약한 불로 물러질 때까지 끓인다.

효능

이뇨(利尿)작용과 함께 비장(脾臟)의 기(氣)를 보충함으로써 습(濕)을 제거시켜 청소년들의 여드름에 적합하다.

비파율무죽

여드름

재료

신선한 비파(枇杷) 60g, 율무 100g,
신선한 비파잎(枇杷葉) 10g, 물 1500mL

조리법

1. 비파는 깨끗이 씻은 후 씨를 제거하고 적당한 크기로 자른다. 율무는 씻어 물에 4시간 동안 담근다.
2. 비파잎은 뒤쪽에 있는 융모를 제거한 뒤 잘게 썰고, 물 1500mL를 붓고 15분 정도 끓인다.
3. 비파잎은 걸러내고 약즙에 율무를 넣고 끓인다.
4. 율무가 부드러워지면 비파 조각을 넣어 완전히 물러질 때까지 끓여서 완성한다.

효능

매일 아침 식사 대용으로 복용하면 폐(肺)의 열(熱)을 내릴 뿐만 아니라 비위(脾胃)의 기능을 조절함으로써 폐열(肺熱)로 인한 여드름 등 각종 피부 트러블에 적용할 수 있다.

17. 생리불순

생리불순은 생리의 주기, 기간, 양, 색 및 생리에 나타나는 이상현상 등을 말한다. 한의학에서 생리불순의 원인을 각종 스트레스, 허약한 체질, 부적절한 식습관 및 생활습관 등에 기인한 장부의 기능상실과 기혈 순환의 장애로 발생한다고 본다. 특히 생리주기는 장부기능의 문란과 밀접하며, 생리량의 문제는 기혈의 허실(虛實)과 밀접한 관련이 있다. 이와 같은 이론을 근거로 약을 사용하면서 동시에 적절한 음식을 섭취하면 약으로 인한 독을 감소시켜 인체의 피해를 줄이고 몸의 정기를 보충하여 치료 효과를 제고시킬 수 있다. 따라서 월경병(月經病) 환자는 음식의 차고 더운 성질을 포함한 합리적인 식단을 선택할 수 있도록 해야 한다. 일반적으로 생리불순의 치료는 기혈의 순환과 소화기계의 작용이 원활하도록 돕기 위해 익모초, 홍화, 작약, 합환피, 금앵자 등을 식이요법의 재료로 활용할 수 있다. 생리통, 생리불순, 붕루(崩漏), 월경량이 지나치게 적거나 폐경이 된 사람 등은 진피(陳皮 : 귤껍질), 빈랑(檳榔), 원추리, 무 등을 섭취하는 것이 좋다. 한습(寒濕)으로 신체의 신진대사가 원활하지 못하거나 양기가 부족한 허한성(虛寒性) 월경병 환자는 닭고기, 참새, 해삼, 해마(海馬), 소고기, 메추리, 연어, 대추, 앵두, 여지, 복숭아, 생강, 파, 후추 등을 섭취하면 좋다.

월경병을 앓고 있을 때 일부 음식물의 섭취는 최소화 하도록 해야 한다. 예를 들면 곶감, 사과, 비파(枇杷), 무화과, 키위, 사탕수수, 수박, 참외, 고구마, 생오이, 생수세미, 냉이, 생무우, 생토미토, 비름나물, 토마토, 두부, 생연근, 국화, 죽순, 다시마, 김, 생지황, 가막조개, 굴, 오리고기, 오리알, 녹두, 숙주나물, 서양삼(西洋蔘), 결명자(決明子), 금은화(金銀花), 국화(菊花), 박하(薄荷), 냉차(冷茶) 및 각종 찬 음료 등이다.

桃仁

홍화작약도인죽

생리불순

재료

홍화 15g, 적작약 10g, 도인 20g, 멥쌀 100g, 물 1200mL

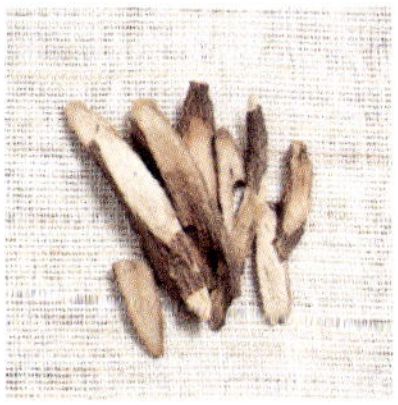

조리법

1 도인은 깨끗이 씻은 뒤 물에 담가 거피시키고, 멥쌀은 깨끗이 씻은 뒤 물에 1시간 담가 둔다.

2 홍화와 적작약을 물에 30분간 달여 약즙을 만든다.

3 약즙에 도인과 멥쌀을 넣고 끓여 죽을 완성한다.

효능

어혈의 제거와 경락의 소통으로 생리불순을 조절하고 생리통을 치료한다. 홍화, 적작약 및 도인의 배합은 생리불순 치료에 상용하는 약재이다.

참고사항

죽의 식감 향상을 위해 도인을 깨끗이 씻은 뒤 건조시켜 분말을 만들어 죽이 완성될 때에 잘 섞어 끓이면 좀더 부드러운 식감을 느낄 수 있다. 홍화는 임산부와 생리량이 많은 여성에게는 적합하지 않다.

익모초연근죽

생리불순

재료

연근, 멥쌀 각 100g, 생강 10g, 익모초즙 10g, 생지황즙 40g, 꿀 15g, 물 800mL

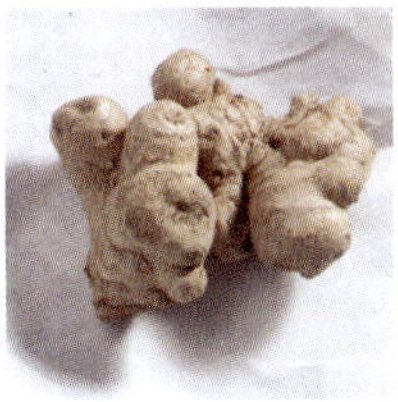

조리법

1 생강과 연근을 깨끗이 씻어 각각 믹서기로 갈아 즙을 만들고, 멥쌀은 깨끗이 씻어 물에 1시간 담가둔다.

2 먼저, 멥쌀을 냄비에 넣고 센 불로 끓여 물이 끓기 시작하면 약한 불로 줄여 30분간 더 끓인다.

3 익모초즙, 생지황즙, 생강즙을 넣고 센 불로 5분간 더 끓인 뒤 불을 끄고 꿀을 넣어서 완성한다.

효능

가슴이 답답한 증상과 갈증을 해소하고 생리불순을 치료한다. 익모초는 원활한 혈액순환과 생리불순을 치료하는 효능이 뛰어나며 멥쌀, 연근, 생지황 등과 배합하면 생리통, 병리성 폐경, 산후 어지러움증 및 생리불순 치료에 사용될 수 있다.

참고사항

익모초는 강력한 혈액순환 작용이 있어 임산부에게 사용하는 것은 적당하지 않다.

해당화죽

생리불순

재료

해당화 30g, 멥쌀 100g, 꿀 또는 알룰로스 10g, 물 800mL

조리법

01 해당화 꽃잎을 깨끗이 세척한 뒤 3개의 꽃잎은 분말로 만들고 나머지는 물에 담가둔다. 멥쌀은 씻어 물에 1시간 담가둔다.

02 멥쌀을 죽으로 만든 뒤 해당화 분말을 넣고 약한 불로 10분간 더 끓인 뒤 꿀을 넣어 완성한다.

03 해당화 꽃으로 장식을 한다.

효능

기혈의 원활한 순환과 어혈의 제거로 진통효과가 뛰어나다. 해당화와 멥쌀의 조화는 소화기계를 튼튼하게 하고, 어혈의 제거와 기혈의 순환을 원활하게 함으로써 생리통 및 생리불순의 치료에 좋은 효과가 있다.

참고사항

해당화 꽃잎을 뜨거운 물에 넣어 차로 마시거나 또는 직접 섭취해도 효과가 좋다. 기호에 따라 적당량의 꿀 또는 알룰로스를 넣어 해당화의 떫은 맛을 완화시킬 수 있다.

쏘가리도인죽

생리불순

재료

쏘가리 1마리, 도인 10g, 합환피 2g, 멥쌀 50g, 생강 5g, 파 50g, 청주 15mL, 된장 8g 또는 소금 5g 후추 조금, 물 1500mL

조리법

1. 쏘가리는 아가미와 지느러미, 내장을 제거하고 깨끗이 씻어 놓는다.
2. 냄비에 물 1500mL, 쏘가리, 파, 생강, 청주를 넣고 쏘가리가 익을 때까지 끓인다.
3. 쏘가리는 살을 바르고, 뼈는 다시 넣고 10분 정도 더 끓여서 체에 걸러 육수로 사용한다.
4. 멥쌀, 도인, 합환피를 육수에 넣고 끓여서 죽이 완성되는 때에 쏘가리 살을 넣고 끓여 된장 또는 소금으로 간하여 완성한다.

효능

소화기계의 작용을 원활하게 도우며 생리통을 예방하거나 치료할 수 있다. 쏘가리와 도인, 합환피의 배합은 허약한 체질을 보충하면서 간기능을 활성화시키고 혈액순환을 왕성하게 함으로써 기혈순환의 문제로 발생한 생리통에 좋은 효과가 있다.

참고사항

쏘가리는 풍미를 더하기 위해 배, 파, 생강, 청주에 잠시 담가둔 뒤 조리하는 것도 좋은 방법이다. 위의 죽은 양양이 풍부하여 허약한 체질에게 적합한 약선음식이나 평소 천식, 각혈 등의 증상이 있는 사람에게는 적합하지 않다.

금앵자검실죽

생리불순

재료

금앵자 60g, 검실 100g, 멥쌀 100g, 소금 3g, 물 1200mL

조리법

01 금앵자를 깨끗이 씻고, 검실은 분말로 만든다. 멥쌀은 씻어 물에 1시간 담가둔다.

02 금앵자를 삶아 만든 즙에 멥쌀과 검실을 넣고 끓여 죽을 만들고 소금을 넣어 완성한다.

효능

생리불순, 지나친 땀흘림, 냉대하 등 다양한 원인으로 발생하는 기혈의 유실을 방지한다. 금앵자, 검실, 멥쌀의 배합은 여성들의 생리불순, 냉대하 등의 증상에 대한 예방 및 치료에 유용하다.

참고사항

금앵자는 즙을 취한 뒤 껍질을 제거한 후에 식용 가능하다. 위의 죽은 일종의 예방적 조치의 처방으로 생리불순 등의 질병이 없거나 또는 감기몸살 등의 증상이 있는 사람들에게는 적당하지 않다.

2장 보양(補養) 약죽(藥粥) (30종)

약죽(藥粥)을 만들 때 보약(補藥)은 대상자의 체질과 약물의 성질 및 효능에 대한 정확한 이해를 바탕으로 선택적으로 사용되어야 한다. 한의학에서 보약(補藥)은 크게 보기약(補氣藥), 보혈약(補血藥), 보음약(補陰藥), 보양약(補陽藥) 등 네 종류로 나눌 수 있다. 구체적인 효능과 증상을 토대로 상황에 맞게 상호 결합해서 사용해야 되며 특히 한의학의 변증론치(辨證論治) 원칙에 부합하여야 된다.

1. 기(氣)를 보충하는 약죽(藥粥)

기허(氣虛)의 대표적인 증상은 피로감, 무력감(無力感), 사지(四肢)의 권태감(倦怠感), 현기증, 땀의 현저한 증가 및 식욕부진 등이다. 따라서 환자는 자주 현기증을 호소하거나 말하기를 귀찮아하고 목소리에 힘이 없으며 숨이 가쁘고 호흡이 짧아진다. 또한 쉽게 땀을 흘리고 감기에 자주 걸리는 등의 증상이 나타난다. 이처럼 기허(氣虛)와 관련된 증상들이 나타날 수 있는 노인, 체질 허약자, 장시간 병을 앓는 사람, 정신적 육체적으로 지친 사람 등으로 현대 의학적인 병명 중에서는 각종 만성병 등이 해당된다.

보기류(補氣類)의 상용 약재는 인삼(人蔘), 태자삼(太子蔘), 황기(黃芪), 백출(白朮), 산약(山藥 : 마), 복령(茯苓), 의이인(薏苡仁 : 율무), 검실(芡實 : 가시연밥) 등이 있다. 일반적인 식재료는 찹쌀, 멥쌀, 땅콩, 밤, 연밥, 대추, 해삼, 돼지고기, 돼지내장, 소고기, 우유, 양고기, 양유(羊乳), 닭고기, 계란, 비둘기, 붕어, 미꾸라지, 메추리, 표고버섯, 전어(鰣魚), 청어, 호박, 꿀, 생강, 마늘, 파, 고추, 산초나무 열매(花椒), 후추, 콩가루, 청주 등이 있다.

땅콩마팥죽

기를 보충하는 약죽

재료

팥 50g, 땅콩 50g, 산약(마) 50g,
멥쌀 100g, 물 1000mL

조리법

1 땅콩은 깨끗이 씻어 찬물에 15분간 담가두고, 마는 깨끗이 씻어 잘게 썬다. 멥쌀과 팥은 깨끗이 씻은 뒤 팥은 삶아 물은 버리고 다시 물을 넣어 삶는다.

2 삶은 팥, 멥쌀, 땅콩을 냄비에 넣고 센 불에 삶아 쌀이 풀어질 때 마를 넣고 골고루 섞는다.

3 약한 불로 줄여 걸죽한 상태가 될 때까지 끓여 완성한다.

효능

기혈을 보충하고 식욕을 증진시킨다. 마와 기타 재료의 배합은 기혈을 보충하면서 식욕을 증진시켜 면역력을 제고시킨다.

참고사항

마는 점액질이 많아 죽에 넣을 때 잘 섞어주지 않으면 솥에 눌러붙을 수 있으므로 주의해야 한다. 땅콩은 찬물에 담가 둔 후에 죽을 만들면 식감이 훨씬 더 좋다.

황기산약죽

기를 보충하는 약죽

재료

황기 30g, 산약(마) 60g, 멥쌀 100g, 물 1350mL

조리법

01 산약은 깨끗이 씻어 믹서기로 분쇄하고, 황기는 깨끗이 씻어 물 1000mL를 넣고 끓인 뒤 황기즙을 취한다. 멥쌀은 깨끗이 씻어 물에 1시간 담가둔다.

02 믹서기로 마쇄한 산약과 황기즙을 골고루 섞는다.

03 멥쌀에 물 350mL를 넣고 센 불로 끓여 물이 끓기 시작하면 2)의 재료를 넣고 균일하게 섞은 뒤 약한 불로 줄여 쌀이 물러질때까지 끓여 완성한다.

효능

기혈을 보충하고 간과 폐의 기능을 원활하게 한다. 황기와 산약은 기를 보충하는 대표적인 약재일 뿐만 아니라 새살을 돋아나게 하고, 이뇨작용으로 붓기를 제거하는 작용 및 진액을 생성시키는 효능으로 기가 부족한 증상의 사람들에게 적합한 식재료이다.

참고사항

산약은 유채, 바나나와 음식 궁합이 맞지 않아 함께 섭취할 경우 복통과 복부팽만감 등의 부작용을 초래할 수 있으므로 주의해야 한다.

인삼백복령죽

기를 보충하는 약죽

재료

인삼(人蔘) 10g, 백복령(白茯苓) 10g,
멥쌀 100g, 생강 10g, 소금 3g, 물 1500mL

조리법

01 인삼, 백복령, 생강을 물 1500mL에 넣어 1시간 끓여 약즙을 만든다. 멥쌀은 씻어 물에 1시간 담가 둔다.

02 냄비에 멥쌀과 약즙을 함께 넣고 죽을 만든다.

03 죽에 소금을 넣어 완성한다.

효능

공복에 복용하면 소화기계의 기혈을 보충할 수 있다. 즉 소화기계가 허약해져 발생하는 식욕부진(食慾不振)과 몸이 마르는 증상 등에 적합하다.

마제비콩죽

기를 보충하는 약죽

재료

백편두(제비콩) 30g, 멥쌀 60g,
신선한 산약(마) 60g, 알룰로스 3g,
물 800mL

조리법

01 제비콩과 멥쌀은 씻어 각각 물에 1시간 담가둔 뒤 물기를 제거한다. 마는 깨끗이 세척 후 껍질을 벗기고 잘게 썰어 둔다.

02 제비콩과 멥쌀을 끓는 물에 넣고 다시 물이 끓어 오르면 마를 넣고 약한 불로 줄여 죽이 완성될 때에 알룰로스를 넣어 완성한다.

효능

기력을 보충하고 소화기계의 원활한 작용을 돕는다. 마와 제비콩의 배합은 소화기계를 튼튼하게 할 뿐만 아니라 소화흡수를 촉진시켜 기력을 보충함은 물론 지방을 함유하지 않아 콜레스테롤을 낮추면서 당뇨병, 복부팽만감, 산후 허약 체질, 만성 설사 환자 등에게 유용하다.

참고사항

마는 껍질을 제거한 후에 죽의 재료로 활용해야 자극적인 식감을 없앨 수 있다.

황기인삼죽

기를 보충하는 약죽

재료

황기 20g, 인삼 15g, 멥쌀 100g,
물 1500mL

조리법

01 멥쌀은 깨끗이 씻고, 황기와 인삼은 세척 시간을 짧게 한다.

02 황기와 인삼을 세차례에 걸쳐 끓여 즙을 취하는데, 매회 물이 끓으면 약한 불로 줄여 20분 정도 더 끓인다.

03 준비된 2)의 약즙과 멥쌀을 넣고 센 불로 끓여 물이 끓기 시작하면 약한 불로 줄여 쌀이 물러지도록 하여 완성한다.

효능

매일 저녁 공복에 1회씩 2일간 복용하는 방법으로 5일간 연속적으로 복용하면 원기(元氣)를 회복하면서 소화기계의 기능이 튼튼해질 수 있다. 따라서 늘 피로감을 호소하며 땀을 많이 흘리는 사람, 노약자, 장기간 질병을 앓아온 후유증 등으로 가슴이 두근거리고, 만성 설사와 식욕부진, 부종(浮腫) 등의 증상에 적합하다.

참고사항

인삼은 보기약의 대표적인 약재이지만 과용하면 부작용을 초래할 수도 있다. 매회 5~15g의 범위에서 사용한다.

인삼산약죽

기를 보충하는 약죽

재료

인삼 20g, 산약(마) 100g, 찹쌀 100g, 흑설탕 5g, 물 800mL

조리법

1 인삼을 씻어 잘게 썰고, 마를 씻어 껍질을 제거하고 잘게 썬다. 찹쌀은 깨끗이 씻어 물에 1시간 담근 후 물기를 제거한다.

2 인삼, 마, 찹쌀에 분량의 물을 붓고 끓여 죽이 완성될 때에 흑설탕을 넣어 완성한다.

효능

기를 보충하고 심장의 기능을 강화시켜 피로회복을 촉진시킨다. 인삼은 기를 보충하는 대표적인 약재로서 중추신경을 흥분시켜 피로회복 증진에 효과적이다.

참고사항

위의 식재료를 믹서기에 함께 넣고 갈아 적량의 물과 함께 죽을 끓여도 된다. 인삼을 식재료로 활용할 때는 체질적인 요소와 기혈의 흐름에 따라 처음에는 3~5g의 적은 양부터 시작해서 점차 양을 증가시키는 방법이 좋다.

2. 혈(血)을 보충하는 약죽

보혈약(補血藥)은 혈(血)이 부족하거나 제 기능을 하지 못해 발생하는 증상에 사용하는 약물로 양혈약(養血藥)이라고도 한다. 한의학적으로 혈허증(血虛證)은 대부분 출혈이나 만성소모성(慢性消耗性) 질병으로 혈액의 결핍 및 기능상의 문제로 장부와 전신의 혈맥(血脈)이 제 역할을 할 수 없어 발생한다. 이 증상은 주로 전신의 허약증상, 창백한 안색, 창백한 입술과 손·발톱, 현기증, 이명, 건망증, 가슴 두근거림, 불면증 등이다. 또한 여성들의 경우 생리기간이 점점 늦어지거나 적은 생리량 또는 지나치게 묽은 색의 생리와 심한 경우에는 폐경에 이르게 된다.

임상에서 혈허증(血虛證)은 일반적으로 기허증(氣虛證)을 수반하게 된다. 보혈류(補血類)의 한약재는 숙지황(熟地黃), 하수오(何首烏), 당귀(當歸), 백작약(白芍藥), 구기자(枸杞子), 아교(阿膠), 용안육(龍眼肉), 상심자(桑椹子) 등이 있다.

또한 식재료는 닭고기, 닭 간, 닭 피, 돼지 껍질, 돼지 피, 돼지 간, 돼지 콩팥, 돼지 족발, 돼지 내장, 소 힘줄, 양고기, 양 간, 당나귀 껍질, 당근, 흰참깨, 포도, 대추, 검은 콩, 찹쌀, 검은참깨 등이 있다.

혈허증(血虛證) 환자에게는 단순히 고열량이면서 지방이 많은 음식을 주의해야 한다. 동시에 평소 비만증, 담(痰)이 많은 사람, 복부팽만감 및 자주 가슴이 답답한 증상을 호소하는 사람 등은 죽(粥)을 섭취해서 소화기계의 원활한 작용을 돕는 것이 좋다.

대추하수오현미죽

혈을 보충하는 약죽

재료

하수오 30g, 대추 10개, 현미 50g, 멥쌀 50g, 알룰로스 6g, 물 1000mL

조리법

1. 멥쌀과 현미를 깨끗이 씻어 물에 1시간 담가둔다. 포제한 하수오를 깨끗이 씻어 2시간 동안 물에 담궜다가 잘게 썬다.
2. 하수오, 멥쌀, 현미, 대추를 냄비에 넣고 센 불로 끓여 물이 끓기 시작하면 약한 불로 줄여 쌀이 물러질 때까지 끓여 기호에 따라 알룰로스를 넣어 완성한다.
3. 대추로 장식한한다.

효능

정혈(精血)을 보충하고 관절을 원활하게 한다. 대추, 하수오 및 현미의 조합은 풍부한 영양뿐만 아니라 정혈을 보충하고 근육을 강건하게 하며 소화기계의 작용을 원활하게 한다.

참고사항

현미는 실감이 거칠어서 하룻밤 정도 물에 담가두는 것이 좋다. 현미와 우유를 함께 섭취할 경우 비타민 A의 대량 유실을 초래할 수 있으므로 주의해야 한다.

홍화당귀찹쌀죽

혈을 보충하는 약죽

재료

찹쌀 100g, 당귀 분말 1g, 단삼 분말 1.5g, 홍화 분말 1g, 물 800mL

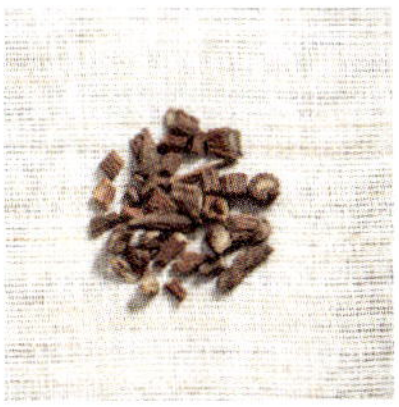

조리법

1 홍화, 당귀, 단삼은 각각 분말로 한다. 찹쌀은 깨끗이 씻은 뒤 물에 1시간 담가둔다. 당귀, 홍화, 단삼 분말에 5배의 물을 넣어 걸죽하게 만든다.

2 찹쌀은 냄비에 넣고 센 불로 끓여 물이 끓기 시작하면 약한 불로 줄여 쌀이 물러지면 약즙을 넣어 끓여 완성한다.

효능

체내 어혈을 제거하고 혈액순환을 원활하게 해서 피부를 윤택하게 한다. 당귀, 홍화와 찹쌀의 배합은 경락과 혈액을 원활하게 소통시키고 어혈을 제거함으로써 진통효과가 있다.

참고사항

홍화, 당귀, 단삼은 혈액순환을 왕성하게 하는 약재이므로 임산부에게는 유산의 위험을 초래할 수도 있다.

해삼표고죽

혈을 보충하는 약죽

재료

해삼(海蔘) 300g, 멥쌀 100g,
표고버섯 20g, 청주 10g, 생강 5g,
파 10g, 소금 3g, 물 800mL

조리법

01 해삼의 내장을 제거하고 깨끗이 씻은 뒤 잘게 썬다. 생강은 즙을 낸다.

02 표고버섯은 물에 담가 불려서 씻어 잘게 썬다. 표고버섯에 물 1100mL를 넣어 함께 끓인다.

03 두 세번 끓어 오를 때 멥쌀을 넣어 거의 죽이 완성되면 해삼을 넣어 끓인다.

04 청주, 생강즙, 소금을 넣고 끓여 마지막에 파를 넣고 한소끔 끓여 완성한다.

효능

정혈(精血)을 보충한다. 즉 몸이 마르고 허약해 짐, 몽정, 조루(早漏), 성기능 장애, 해산 후 모유 부족, 빈번한 소변, 장의 윤기부족으로 인한 변비 등의 증상에 적당하다. 현대의 병명으로는 성기능 감퇴, 각종 빈혈(貧血), 요오드 결핍에 의한 갑상선종(甲狀腺腫) 등의 보조치료(輔助治療)용으로 사용할 수 있다.

참고사항

해삼은 Ca와 P의 비율이 이상적이다. 치아와 골격형성, 근육의 정상적인 수축, 혈액순환 등에 필수적인 Ca와 Fe 성분이 많다. 어린이, 임산부, 노인에게 좋으며, 비만, 혈압에 좋은 식품이다.

아교찹쌀죽

혈을 보충하는 약죽

재료

찹쌀 100g, 아교 30g, 흑설탕 5g,
물 700mL

조리법

1 찹쌀은 깨끗이 씻은 후 물에 1시간 담근 뒤 물기를 제거한다. 아교는 분말 형태로 만든다.

2 찹쌀을 냄비에 넣고 분량의 물과 함께 센 불로 끓여 물이 끓기 시작하면 약한 불로 줄인다.

3 죽이 걸죽해졌을 때에 아교분말을 넣어 골고루 섞은 뒤 흑설탕을 넣고 한소끔 끓여 완성한다.

효능

혈액을 보충함과 동시에 지혈작용으로 면역력을 제고시킨다. 아교와 찹쌀의 배합은 혈액과 각종 체액의 증가와 조혈기능 및 칼슘 보충으로 골다공증, 빈혈, 면역력 하강 및 산모 등에게 효과가 좋다.

참고사항

아교는 단독으로 끓이면 열성이 너무 강해지므로 증기로 찌거나, 분말로 활용해야 한다. 또한 아교를 사용할 때 대추를 첨가하면 기혈을 보충하는 효과를 증대시킬 수 있다.

황두대추흰목이죽

재료

황두 15g, 흑미 20g, 멥쌀 50g, 대추 15g, 흰목이버섯 15g, 참깨 5g, 물 1000mL

조리법

01 황두를 씻어 물에 6시간 이상 담가 둔다. 흰목이버섯은 물에 담가 부드럽게 한 뒤 꼭지 부분을 제거하고 잘게 찢어 둔다. 대추는 씨를 제거하고 잘게 썬다.

02 냄비에 흑미, 황두, 멥쌀을 1시간 정도 끓인 뒤 대추를 넣고, 약한 불에서 30분 더 끓인다.

03 흰목이버섯과 참깨를 넣어 한소끔 끓여 완성한다.

효능

체내의 기혈을 소통시키고 습과 독소를 제거한다. 보혈과 간기능 개선으로 시력을 개선시킬 수 있다. 소화력과 장의 기능에 이상이 있는 남녀노소 누구에게나 좋은 효과를 기대할 수 있다.

참고사항

황두는 충분히 익히지 않으면 복부 팽만감, 설사, 구토 등의 증상을 유발할 수 있으므로 유의해야 한다.

황기당귀오골계죽

혈을 보충하는 약죽

재료

오골계 1마리, 찹쌀 50g, 황기 45g, 당귀, 대추 각 15g, 계피 3g, 마늘 20g, 소금 5g, 물 4000mL

조리법

1 오골계의 내장을 제거하고 깨끗이 씻어 놓는다.

2 황기, 당귀, 대추, 계피에 1000mL의 물을 넣고 끓여 약즙을 만든다.

3 약즙과 물 3000mL에 오골계의 배속에 찹쌀과 마늘을 넣고 끓여 죽을 만든 뒤 소금을 넣어 완성한다.

효능

혈액을 보충하고 내장의 기능이 서로 원활한 조화를 이루도록 도와 심신의 안정과 피로회복의 효능이 있다. 오골계는 혈액 부족 또는 기능저하로 인한 허약한 체력과 장부의 기능이 원활하지 못한 사람들에게 피로를 회복시킬 수 있는 효능이 있다.

참고사항

위의 재료 중 먼저 오골계로 탕을 끓인 뒤 오골계탕에 나머지 재료를 첨가해서 죽을 완성할 수도 있다.

구기자오디죽

혈을 보충하는 약죽

재료

구기자, 오디 각 5g, 대추 5개, 멥쌀 100g, 알룰로스 3g, 물 900mL

조리법

01 구기자, 오디, 대추, 멥쌀을 각각 깨끗이 씻는다.

02 1)의 재료에 분량의 물을 붓고 센 불로 끓여 물이 끓기 시작하면 약한 불로 줄여 알룰로스를 넣어 한소끔 끓여 완성한다.

효능

혈액을 보충하고 간과 신장의 기능을 활성화시켜 피로회복을 증진시킨다. 간과 신장의 기능 및 소화기계의 기능을 활성화시켜 피로회복 및 면역력을 증강시킬 수 있다.

참고사항

오디는 가능하면 말린 것보다는 신선한 오디를 사용하는 것이 효과가 좋다.

3. 기혈(氣血)을 모두 고려한 약죽

한의학에서는 기허(氣虛) 증상이 일정한 한계를 초과하게 되면 혈허(血虛) 증상을 유발하게 되고, 기(氣)가 혈(血)에 편승할 수 없어 상호작용이 일어나게 된다. 따라서 기혈이 부족하거나 징상 순환에 문제가 발생하면 반드시 장부조직의 기능이 정상적으로 작용하지 않아 각종 질병이 발생하게 된다. 임상에서는 식욕부진, 피로감, 무력감, 말하기 귀찮을 정도의 무력감, 숨이 가쁜 증상, 허약함으로 인한 땀 흘림 등의 기허증(氣虛證)과 함께 안색 및 손톱 발톱이 창백하고, 현기증, 가슴 두근거림, 불면증, 생리불순(생리기간의 후퇴, 적은 생리량, 엷은 색 심지어 폐경 등) 등의 혈허증(血虛證)이 동시에 나타날 수 있다. 기혈양허(氣血兩虛) 증상을 보이는 질병은 다양한데 특히 만성위염(慢性胃炎), 빈혈(貧血), 암(癌) 등 각종 만성소모성(慢性消耗性) 질병에서 자주 나타난다. 기혈을 보충하는 약죽의 재료는 위의 보기·보혈약죽의 재료를 참고한다.

장어산약죽

기혈을 모두 고려한 약죽

재료

장어 1마리, 산약(마) 50g, 멥쌀 50g,
청주 15mL, 생강 5g, 파 20g, 된장 10g,
마늘 5g, 물 2000mL

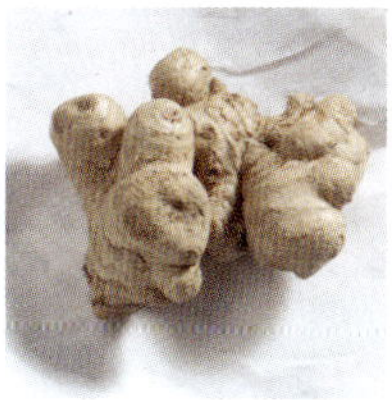

조리법

01 장어의 내장을 제거하고 적당한 크기로 잘라 청주, 생강즙에 20분간 담가둔다. 마와 파는 잘게 썬다.

02 마, 멥쌀을 냄비에 넣고 센 불로 20분간 끓인 뒤 약한 불로 줄여 장어를 넣어 끓인다.

03 죽이 완성되면 된장으로 간하고 마늘과 파를 넣어 완성한다.

효능

기혈과 체력을 증진시켜 피로회복을 촉진시킨다. 장어와 마의 조합은 기와 혈을 보충하고 뼈와 근육을 강건하게 한다.

참고사항

장어의 유일한 단점은 비타민 C가 거의 없다는 점이다. 따라서 장어요리는 다양한 채소와 함께 배합하는 것이 중요하다. 청주와 생강즙 등에 20분간 담가둔 장어를 참기름에 살짝 볶아서 죽의 재료로 활용하면 시간을 절약할 뿐만 아니라 식감을 증진시킬 수 있다.

인삼황기지황죽

기혈을 모두 고려한 약죽

재료

인삼 10g, 황기 10g, 숙지황 15g, 대추 10개, 찹쌀 100g, 물 1300mL

조리법

1 깨끗이 씻은 인삼, 황기, 숙지황을 냄비에 넣고 물 1000mL에 20분간 담가둔다.

2 약한 불로 30분간 끓인 뒤 찌꺼기를 제거한 약즙에 찹쌀, 대추와 물을 300mL를 더해 찹쌀이 걸죽해질 때까지 끓여 완성한다.

3 인삼을 어슷하게 썰어 장식한다.

효능

기와혈을 보충하고 체내 진액을 생성시킨다. 소화력이 부족해 평소 쉽게 피곤하고, 식욕부진, 부종 등의 증상이 있는 사람들에게 유용하다. 특히 각종 궤양이나 상처가 쉽게 아물지 않는 사람들에게도 도움이 된다.

참고사항

각종 부스럼 등 피부병 초기 또는 몸에 열이 많은 사람들에게는 적합하지 않다.

인삼대추조죽

기혈을 모두 고려한 약죽

재료

좁쌀 200g, 대추 20개, 인삼 6g, 꿀 10g, 물 1400mL

조리법

01 인삼을 물에 담근 뒤 믹서기로 마쇄한다. 대추는 깨끗이 씻어 씨를 제거하고 잘게 썬다.

02 좁쌀, 대추, 마쇄한 인삼을 함께 냄비에 넣고 분량의 물을 넣어 센 불로 끓인다.

03 물이 끓으면 약한 불로 줄여 죽을 완성한 뒤 적량의 꿀을 넣어 완성한다.

효능

기혈을 보충해서 체력을 증진시킨다. 인삼과 대추의 배합은 기혈을 보충하고 체내의 진액을 생성시킴과 동시에 심신안정 및 피로회복의 효능이 있다.

참고사항

위 약죽에 소량의 생강을 넣으면 체내 흡수율을 높일 수 있다. 인삼과 대추 등이 배합된 약죽은 부종이나 기침 등의 증상이 있는 환자에게는 적합하지 않다.

황기대추죽

기혈을 모두 고려한 약죽

재료

황기 30g, 대추 15개, 멥쌀 100g,
물 1300mL

조리법

01 황기를 씻어 물 1000mL에 30분간 끓여 황기즙을 만든다.

02 황기즙을 냄비에 넣고 대추, 멥쌀과 함께 300mL의 물을 넣고 쌀이 걸죽해질 때까지 끓여 완성한다.

03 대추를 씰어 장식한다.

효능

기혈을 보충하고 소화기계를 원활하게 한다. 소화력의 부족으로 인한 식욕부진, 피로, 가슴 두근거림, 창백한 얼굴, 혈소판 감소 등의 증상에 적합하다.

인삼마닭죽

기혈을 모두 고려한 약죽

재료

인삼(또는 홍삼) 5g, 산약(마) 10g, 닭 1마리 500g, 멥쌀 100g, 소금 8g, 마늘 10g, 물 800mL

조리법

01 닭은 내장을 제거한 뒤 닭이 푹 잠기게 물을 넣고 마늘과 함께 삶아 살코기를 준비한다. 닭육수는 기름을 걷어 내고 면포에 거른다. 마는 잘게 썬다.

02 인삼은 씻어 잘게 잘라 멥쌀과 함께 닭 육수 800mL를 넣고 쌀이 물러질 때까지 끓인 뒤 마를 넣고 다시 끓인다.

03 쌀이 물러질 때 1)의 살코기를 넣고 적량의 소금을 넣어 죽을 완성한다.

효능

기혈을 보충하고 면역력을 제고시킨다. 평소 쉽게 피로감을 느끼거나 장시간 만성병으로 인해 식욕부진과 함께 기력이 떨어지고 가슴이 두근거리는 증상 등에 유용하다.

참고사항

몸에 열이 많은 사람은 신중하게 사용한다.

4. 음기(陰氣)를 보충하는 약죽(藥粥)

보음약(補陰藥)은 음허증(陰虛證)을 치료하는 약물로 자음약(滋陰藥) 또는 양음약(養陰藥)이라고도 한다. 음허증(陰虛證)은 주로 주로 현기증, 이명(耳鳴), 치아의 흔들림 혹은 통증, 입과 인후의 건조함, 가슴이 답답한 증상, 갈증, 무릎과 허리의 통증, 몽정, 조루 등의 증상을 수반한다.

상용되는 자음류(滋陰類)의 한약재는 서양삼(西洋蔘), 사삼(沙蔘), 현삼(玄蔘), 구기자(枸杞子), 산약(山藥), 맥문동(麥門冬), 석곡(石斛), 옥죽(玉竹), 구판(龜板), 별갑(鱉甲), 결명자(決明子), 하수오(何首烏), 상심자(桑椹子), 지골피(地骨皮), 백합(百合) 등이 있다. 또한 식재료는 자라, 남생이, 꿀, 제비집, 흰참나무 버섯, 오리고기, 돼지족발, 멥쌀, 밀 등이 있다.

천문동죽

음기를 보충하는 약죽

재료

천문동 20g, 멥쌀 100g, 알룰로스 6g, 물 1100mL

조리법

1 천문동을 믹서기로 마쇄한 뒤 냄비에 물 500mL를 넣고 끓여 천문동즙을 만든다.

2 깨끗이 씻은 멥쌀과 천문동즙을 냄비에 넣고 물 600mL를 넣어 센 불로 끓인다.

3 물이 끓기 시작하면 약한 불로 줄여 30분간 더 끓인 후 기호에 따라 알룰로스를 넣어 완성한다.

효능

체액을 보충하며 해열기능과 함께 폐의 기능을 활성화시켜 기침을 멈추게 한다.

참고사항

천문동에는 아스파라긴산, 점액질 등의 성분이 소화기계의 체액을 증진시켜 색소침착증 등을 제거하며 피부를 윤택하게 한다.

아교상백피찹쌀죽

음기를 보충하는 약죽

재료

아교 20g, 상백피(뽕나무 뿌리껍질) 20g, 찹쌀 120g, 흑설탕 5g, 물 1200mL

조리법

01 찹쌀은 씻어 물에 1시간 담가두고, 아교는 분말로 만든다.

02 찹쌀과 물 700mL를 냄비에 넣고 센 불로 끓여 물이 끓기 시작하면 약한 불로 줄여 걸죽한 상태의 죽으로 만든다.

03 상백피에 물 500mL를 넣고 끓여 두차례 상백피즙을 만들어 아교와 함께 2)의 찹쌀죽에 골고루 섞은 뒤 흑설탕을 넣고 한소끔 끓여 완성한다.

효능

체액과 혈을 보충하고 폐의 열을 내려서 피부의 건조한 증상을 완화시킨다. 위 배합은 혈이 부족해서 생리량이 지나치게 적거나, 많은 붕루(생리량이 지나치게 많거나 소량씩 장시간 지속되는 증상), 변혈 등의 증상에 활용할 수 있다.

참고사항

아교는 "보혈의 성약"이라 불리지만 임신부, 고혈압, 당뇨병 환사 및 소아에게 사용할 때는 의사와 상의해야 한다. 아교는 사용전에 분말 형태로 사용해야 체내흡수가 용이하여 보혈과 지혈의 효과를 극대화시킬 수 있다.

호두둥글레죽

음기를 보충하는 약죽

재료

옥죽(玉竹 둥글레) 400g, 거피핵도인(去皮核桃仁 : 껍질 벗긴 호두) 100g, 거피율자(去皮栗子 : 껍질 벗긴 밤) 50g, 소금 3g, 파 10g, 물 1000mL

조리법

01 둥굴레 뿌리의 껍질을 벗기고 깨끗이 씻어 얇은 조각으로 잘라 끓는 물에 넣고 데친 다음 수분을 제거하여 분말로 만든다.

02 호두와 밤은 낮은 온도에서 황색이 될 때까지 볶은 뒤 식혀 분말로 만든다. 파는 잘게 썬다.

03 둥글레, 호두, 밤, 파, 소금을 냄비에 넣고 섞은 후 물을 넣고 끓여 파와 소금을 넣어 완성한다.

효능

체액을 보충하고 신장(腎臟)과 비장(脾臟)을 튼튼하게 하면서 장(腸)에 윤기를 더해 변비, 폐결핵 및 미용 등에 좋다.

동충하초조죽

음기를 보충하는 약죽

재료

동충하초(冬蟲夏草) 10g, 돼지고기(안심) 50g, 좁쌀 100g, 물 1700mL

조리법

1 동충하초를 약주머니에 넣고 물 1000mL를 넣어 1시간 동안 끓여 약즙을 만든다.

2 돼지고기는 잘게 썬다.

3 좁쌀에 약즙과 물 700mL를 넣어 끓여 좁쌀이 반쯤 익었을 때 돼지고기를 넣고 끓여 죽을 완성한다.

효능

정기(精氣)를 보충해야 하는 허약한 체질의 환자에게 적합하다. 따라서 호흡 곤란, 기침, 각혈(咯血), 체질이 허약해서 나는 땀, 성기능 장애, 몽정, 허리 및 무릎의 시큰거림 등과 같이 오랜 질병으로 인해 몸이 쉽게 회복되지 않는 증상에 적합하다.

참고사항

죽은 공복에 섭취하면 체내 흡수율을 높일 수 있다.

석곡죽

재료

석곡 10g, 멥쌀 100g, 알룰로스 3g, 물 1350mL

조리법

01 석곡을 씻어 물에 30분간 담가둔 뒤 물 1000mL에 30분간 끓여 석곡즙을 만든다. 멥쌀은 씻어 물에 1시간 담가 둔다.

02 석곡즙, 물 350mL와 멥쌀을 넣고 끓인 뒤 기호에 따라 알룰로스를 넣어 완성한다.

효능

체내 진액을 생성시키고 폐의 열을 제거하며 동시에 위의 기능을 강화시킨다. 열병으로 입이 건조하고 갈증을 느끼거나 병을 앓고 난 후 허약해진 체질과 혀가 마르는 증상 등에 유용하다.

맥문동죽

음기를 보충하는 약죽

재료

맥문동 30g, 멥쌀 100g, 물 1350mL

조리법

1 맥문동을 깨끗이 씻어 물 1000mL와 함께 30분 동안 끓여 찌꺼기를 제거한 뒤 맥문동즙을 만든다.

2 맥문동즙, 물 350mL와 멥쌀을 넣고 끓여 죽을 완성한다.

효능

체내 진액을 생성시키고 폐와 위의 기능을 원활하게 한다. 평소 마른기침, 각혈, 가슴 답답함, 갈증, 변비 등의 증상에 유용하다.

참고사항

평소 소화기능이 약해 잦은 설사가 있거나, 체내 수액대사의 문제로 담이 잘 걸리는 사람 또는 감기몸살 환자에게는 적당하지 않다. 또한 맥문동과 목이버섯은 서로 음식궁합이 맞지 않으므로 함께 사용하지 않는다.

5. 양기(陽氣)를 보충하는 약죽(藥粥)

보양약(補陽藥)은 양허증(陽虛證)을 치료하는 약물로 조양약(助陽藥)이라고도 한다.

양기가 부족한 증상(陽虛證)은 주로 추위를 많이 타고 따뜻한 것을 좋아하며 정신적으로나 육체적으로 늘 피로를 느끼고, 창백한 안색, 현기증, 가슴 두근거림, 불면증, 사지가 차가운 증상, 맑은 소변을 자주 보는 것, 허리와 무릎 통증, 몽정, 성기능 장애, 조루, 폐경(閉經) 등이 있다.

상용되는 한약재는 양기를 보충하여 근육과 뼈를 튼튼하게 하는 효능을 겸비하고 있다. 예를 들면, 한약재로는 녹용(鹿茸), 해백(薤白), 보골지(補骨脂), 호두, 육종용(肉蓯蓉), 토사자(兔絲子), 동충하초(冬蟲夏草), 두중(杜仲), 육계(肉桂), 건강(乾薑), 고량강(高良薑) 등이 있다. 일반적인 식재료는 호두, 사슴고기, 양고기, 소 내장과 콩팥, 새우, 부추, 참새, 해삼, 전복 등이 있다.

양고기육종용죽

양기를 보충하는 약죽

재료

멥쌀 100g, 양고기 200g, 육종용 15g, 구기자 10g, 생강 5g, 파 20g, 소금 3g, 청주 15g, 물 1500mL.

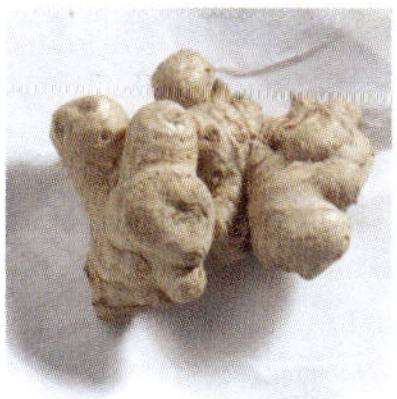

조리법

1 멥쌀은 씻어 물에 1시간 담가두고, 양고기는 잘게 썰어 소금, 청주와 함께 10분간 담가둔 뒤 끓는 물에 넣어 살짝 데쳐둔다.

2 육종용, 파, 생강은 씻어 잘게 썰어 둔다. 육종용을 넣고 30분간 더 끓여 육종용 즙을 만들어 둔다.

3 냄비에 육종용즙과 멥쌀을 넣고 센 불로 끓여 물이 끓기 시작하면 약한 불로 줄인 뒤 30분간 잘 저어주면서 더 끓인다.

4 양고기, 생강, 구기자 등을 넣고 잘 저어주면서 20분간 더 끓인 뒤 소금, 파 등을 넣어 완성한다.

효능

양기를 보충해서 체내의 한기를 완화시킬 수 있다. 육종용은 양기와 골수를 보충할 뿐만 아니라 혈액을 보충하는 효과가 있고 구기자, 양고기와의 조합은 건조한 피부를 윤택하게 하고 피로를 회복시켜 면역력을 활성화시킨다.

참고사항

육종용은 약죽의 재료뿐만 아니라 일반적인 죽의 재료로 활용할 수도 있다.

오자죽

재료

참새 5마리, 사원자(沙苑子) 10g, 구기자(枸杞子) 10g, 토사자(兎絲子) 10g, 복분자(覆盆子) 10g, 오미자(五味子) 10g, 멥쌀 100g, 생강 10g, 청주 15g, 소금 7g, 물 2000mL

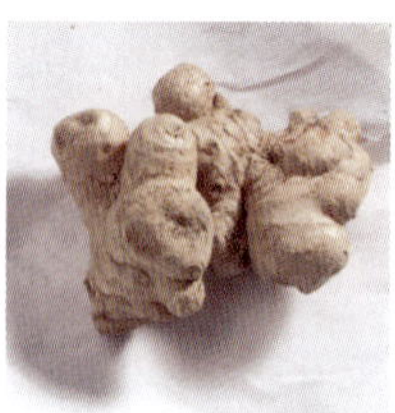

조리법

01 사원자, 구기자, 토사자, 복분자, 오미자에 물 2000mL를 부어 30분 정도 끓인 뒤 약 찌꺼기를 제거하고 약즙을 취한다. 생강은 즙을 낸다.

02 참새의 털과 내장을 제거하고 깨끗이 씻은 후 청주를 넣어 익힌다.

03 약즙, 생강즙, 멥쌀과 함께 끓여 죽을 만들어 죽이 완성될 때에 소금을 넣어 완성한다.

효능

아침 저녁 따뜻하게 복용하면 간과 신장의 기능을 원활하게 하면서 정혈(精血)을 충만하게 할 수 있다. 따라서 양기(陽氣)와 정혈(精血)이 부족한 제반 증상에 적합하다.

인삼구기자죽

양기를 보충하는 약죽

재료

인삼(人蔘) 5g, 구기자(枸杞子) 15g, 대추 5개, 멥쌀 100g, 흑설탕 5g, 물 1200mL

조리법

1. 인삼, 구기자, 대추(씨 제거)를 깨끗이 씻어 물 1200mL를 넣어 20분간 끓인다.
2. 약즙에 멥쌀을 넣고 끓여서 죽을 만든다.
3. 죽이 완성될 때에 흑설탕을 넣고 완성한다.

효능

약 3~5일간 아침 저녁 따뜻하게 복용한다.
신장(腎臟)의 양기(陽氣)를 북돋아 준다. 양기(陽氣) 부족으로 인한 기침, 안색의 무광택, 몸이 찬 증상, 식욕부진, 묽은 대변, 소변을 자주 보면서 색이 맑고 양이 많은 증상 등에 적합하다.

산약검실죽

양기를 보충하는 약죽

재료

산약(마) 30g, 검실 30g, 부추 30g, 멥쌀 100g, 소금 3g, 물 800mL

조리법

01 마, 검실, 부추를 씻어 믹서기에 넣고 마쇄한다.

02 냄비에 위 1)의 재료와 멥쌀을 넣고 끓여 소금을 넣어 완성한다.

효능

양기를 북돋아 주고 체력을 증진시킨다. 비장과 신장의 양기가 부족해 기력이 떨어지고, 오랜 설사와 잦은 피로감의 회복에 도움을 준다.

당근두부새우죽

양기를 보충하는 약죽

재료

당근 150g, 멥쌀 100g, 두부 200g, 말린 새우 20g, 소금 3g, 참기름 3g, 물 800mL

조리법

1 당근과 두부를 깨끗이 씻어 잘게 썰고, 건새우는 물에 불린다. 멥쌀은 물에 1시간 담가둔다. 불린 새우는 참기름에 볶는다.

2 멥쌀은 센 불로 끓인 뒤 당근과 볶은 새우를 넣고 약한 불로 줄인다.

3 쌀이 물러진 후 두부를 넣고 한소끔 끓여 소금을 넣어 완성한다.

효능

양기를 보충하고 간과 신장의 기능을 활성화시킨다. 당근, 두부, 건새우의 배합은 신진대사를 촉진하고 혈액순환을 원활하게 하여 동맥경화, 고혈압 등의 환자에게 더욱 적합하다.

참고사항

두부는 쉽게 물러질 수 있으므로 마지막에 넣고, 끓이는 시간을 짧게 해야 영양성분의 파괴를 방지할 수 있다. 특히 새우는 과민성 비염, 기관지염, 과민성 피부염 등의 환자는 신중하게 사용해야 한다.

건강대추죽

양기를 보충하는 약죽

재료

건강(乾姜, 말린 생강) 10g, 대추 6g,
멥쌀 100g, 생강 5g, 흑설탕 6g, 물 1200mL

조리법

01 건강을 깨끗이 씻어 잘게 썰고, 대추는 씨를 빼고, 잘게 썬다. 멥쌀은 물에 1시간 담가둔다. 생강은 즙을 낸다.

02 건강을 센 불로 끓여 물이 끓기 시작하면 약한 불로 줄여 20분간 더 끓여 즙을 만든다.

03 멥쌀, 대추에 생강즙을 넣고 센 불로 끓인 후 물이 끓으면 약한 불로 줄여 30분간 더 끓여 쌀이 걸죽해 졌을 때 적량의 흑설탕을 넣어 완성한다.

효능

양기를 보충하고 경락을 소통시켜 체내 한기를 제거한다. 건강은 소화기계의 양기와 경락을 소통시켜 한기를 제거해 몸을 따뜻하게 하고 면역력을 제고시키는 효능이 있다.

참고사항

건강을 끓여 즙을 만들 때 진하게 끓여야 약성이 멥쌀에 충분히 흡수되어 효과를 제고시킬 수 있다.

3장 미용약죽(美容藥粥) (22종)

홍황색이 은은하게 교차하면서 광택을 띠는 안색과 양생보건은 한의학에서 추구하는 건강과 장수의 중요 내용 중 하나이다. 한의학적으로 음양(陰陽)이 균형을 유지하고, 기혈(氣血)이 왕성하며 오장(五臟)이 잘 조화를 이룰 때 비로소 건강한 신체와 왕성한 정신력을 보증할 수 있다고 한다. 일반적으로 기와 혈이 허약할 경우에는 얼굴에 광택이 없으면서 자주 현기증을 호소하게 된다. 소화기계의 작용이 원활하지 않을 경우 안색이 누렇거나 어두운 색으로 변한다. 또한 폐의 기능이 부족할 경우에는 피부 균열이 심하게 되고 지나친 스트레스 등으로 간기능이 정체되어 있을 때는 어혈(瘀血)이나 반점(斑點) 등이 생길 수 있다. 만약 다방면의 몸조리를 통해 정서적으로 밝은 상태를 유지하면서 충분한 숙면과 적당한 약선(藥膳)을 섭취하면 건강하고 탄력있는 피부를 유지할 수 있다.

1. 윤택한 피부를 위한 약죽

한의학 이론에서는 오장육부의 기혈(氣血)의 정상 여부는 얼굴의 색과 광택을 보고 알 수 있다. 여기에서 단순히 기능성식품이나 약이 안색을 바꾸는 것이 아니라는 점을 인식할 필요가 있다.

한의학에서 정확한 진난을 통해 허약한 사람에게는 몸을 보(補)하는 약선을 처방하고, 체내에 불필요한 것이 쌓여 있는 사람에게는 그것을 덜어내는 처방으로 궁극적으로는 음양(陰陽)의 균형을 맞춰야 피부 문제가 해결된다.

굴검은콩죽

윤택한 피부를 위한 약죽

재료

멥쌀 100g, 굴 100g, 검은콩 50g, 소금 3g, 참기름 3g, 쪽파 15g, 물 1300mL

조리법

1 검은콩은 씻어 물에 2시간 담가두고, 멥쌀은 물에 1시간 담가둔다. 굴은 3% 소금물에 씻어 헹군다. 쪽파는 잘게 썬다.

2 검은콩과 멥쌀을 냄비에 넣고 센 불로 끓여 물이 끓으면 굴을 넣고 약한 불로 줄여 30분간 더 끓인다.

3 소금, 쪽파, 참기름을 넣어 완성한다.

효능

항산화 작용을 통해 피부를 윤택하게 한다. 굴과 검은콩의 배합은 체내의 수분을 적절하게 유지시키며 불필요한 지방을 제거하여 윤택한 피부, 항노화 및 다이어트 효과도 얻을 수 있다.

참고사항

죽을 만들 때 먼저 굴을 끓인 국물에 적량의 물을 넣어 기타 재료와 함께 끓여도 된다. 굴은 저지방 고단백 식품으로 아미노산이 풍부하여 체내 독소를 제거해서 동맥경화를 예방할 수 있다.

모과대추율무죽

윤택한 피부를 위한 약죽

재료

모과 1개, 율무 40g, 대추 30g, 멥쌀 100g, 알룰로스 6g, 물 1400ml

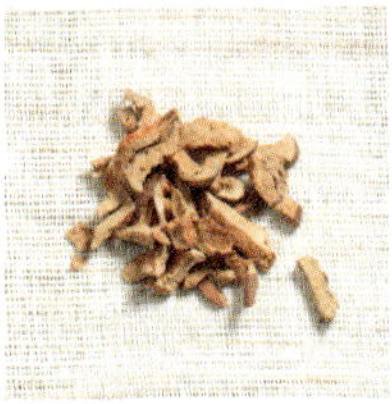

조리법

01 멥쌀은 깨끗이 씻어 물에 1시간 담가 둔다. 율무는 씻어 물에 3시간 담가 둔다. 모과와 대추는 깨끗이 씻어 대추는 씨를 빼서 잘게 썰고, 모과는 껍질과 씨앗을 제거한 뒤 잘게 썬다.

02 율무와 멥쌀을 냄비에 넣고 끓여 죽을 만든 뒤 대추와 모과를 넣고 5분간 더 끓여 알룰로스를 넣어 완성한다.

효능

소화기능을 강화시키고 혈액을 보충해서 윤택한 피부를 유지시켜 줄 수 있다.

참고사항

알룰로스 대신 꿀에 재어놓은 대추를 사용하면 영양과 풍미를 더할 수 있다. 신신힌 대추는 비타민 C가 풍부하여 콜레스테롤을 낮추고 담결석을 예방할 수 있다.

호두백급콩죽

윤택한 피부를 위한 약죽

재료

핵도인(核桃仁 : 호두)10개,
백급(白及) 10g, 대두(大豆) 300g,
멥쌀 100g, 알룰로스 6g, 물 3000mL

조리법

1 대두를 깨끗이 씻어 물기를 제거한 뒤, 대두, 백급, 호두를 볶아서 분말을 만든다.

2 멥쌀을 깨끗이 씻은 뒤 물에 1시간 담근 후 다시 물 3000mL를 붓고 끓인다.

3 대두 분말과 백급 분말을 넣어 걸죽한 상태로 끓여서 알룰로스를 넣어 완성한다.

효능

매일 2회씩 아침 저녁 따뜻하게 복용하면 소화기계와 신장(腎臟)의 기능을 보충하고 폐의 활동을 원활하게 도와서 피부를 윤택하게 해줄 뿐만 아니라 경락(經絡)을 소통시켜 머리도 맑아지게 된다.

하수오숙지황율무죽

윤택한 피부를 위한 약죽

재료

하수오(何首烏) 20g, 숙지황(熟地黃) 20g,
율무 30g, 대추 15개, 멥쌀 100g,
알룰로스 6g, 물 2000mL

조리법

01 하수오, 숙지황을 물 2000mL을 넣고 1시간 끓여서 약즙을 얻는다.

02 약즙과 깨끗이 씻은 대추, 멥쌀, 율무 등을 약한 불로 끓여서 율무와 멥쌀이 부드러워질 때까지 끓인다.

03 알룰로스를 넣어 완성한다.

효능

매일 아침 식사 대용으로 섭취하면 신장(腎臟)의 정기를 보하면서 피부를 윤택하게 하고 특히 미백효과와 함께 면역력 증강에도 효과적이다.

산사연꽃죽

재료

연꽃 3개, 신선한 산사(山楂) 50g, 멥쌀 100g, 물 1000mL

조리법

01 연꽃잎을 깨끗이 씻어 잘게 썬다. 산사는 깨끗이 씻어 씨를 제거한다.

02 냄비에 멥쌀을 넣고 분량의 물을 넣어 죽을 끓인다.

03 죽이 완성될 때에 연꽃과 산사를 넣고 한소끔 끓여낸다.

효능

아침 저녁으로 식용하면 몸의 열(熱)과 습(濕)을 제거하면서 마음을 안정시키고 피부색을 윤택하게 하는 효능이 있다. 특히 비만인에게 적합하다.

2. 기미 주근깨에 대한 약죽

한의학에서는 안면부의 기미 주근깨의 원인은 간의 기운이 제대로 소통되지 못하고 막히거나, 소화불량과 신장 기운의 부족 및 혈액순환 장애로 인한 어혈(瘀血)의 생성 등이다. 따라서 간의 기능이 원활하도록 소통시키고 소화기계를 건실하게 하면서 해열과 해독 등의 치료 방법을 사용할 수 있다. 정확한 진단으로 약재와 식품을 합리적으로 이용하여 인체의 내분비 기능을 활성화시켜 멜라닌(黑色素 : melanin)의 배설 및 감소를 촉진시킬 수 있다. 또한 정신적으로 균형잡힌 스트레스 관리와 충분한 수면은 호르몬의 분비를 촉진시키고, 혈맥(血脈)의 소통을 원활하게 함으로써 기미 혹은 주근깨를 제거시킬 수 있다.

과일죽

기미 주근깨에 대한 약죽

재료

사과, 배, 바나나, 파인애플, 키위 각 1개, 딸기 4개, 전분 물(전분 5g : 물 10g), 찹쌀 100g, 물 1000mL

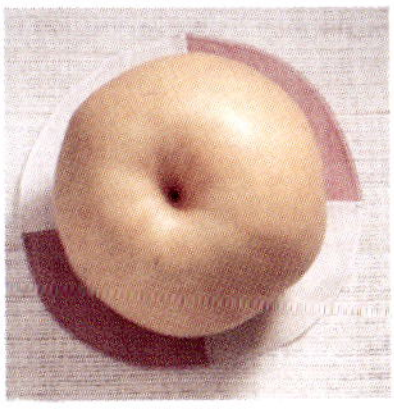

조리법

1. 과일을 깨끗이 씻어 잘게 자르고, 찹쌀은 깨끗이 씻어 물에 1시간 담가둔다.
2. 냄비에 적량의 물과 찹쌀을 넣고 죽을 끓인 뒤 준비된 과일을 넣고 센 불로 끓인다
3. 물이 끓기 시작하면 약한 불로 줄여 과일이 물러질 때까지 끓인 뒤 전분물을 넣고 골고루 서어 완성한다.

효능

더위로 인한 열과 가슴 답답함을 해소하고 주근깨를 제거하며 미백에 도움을 준다. 위의 재료는 풍부한 영양과 함께 갈증을 제거하고 식욕을 증진시킴은 물론 다이어트와 함께 피부를 윤택하게 한다.

참고사항

위의 재료 중 과일을 두유와 함께 끓여 죽을 만들면 소화흡수력을 높일 수 있다.

해당화대추흑미죽

기미 주근깨에 대한 약죽

재료

흑미 50g, 멥쌀 50g, 대추 10개, 해당화 12개, 물 1000mL

조리법

01 흑미와 멥쌀은 깨끗이 씻은 뒤 물에 1시간 담가둔다. 대추는 깨끗이 씻은 뒤 씨앗을 제거후 잘게 썰고, 해당화는 꼭지를 빼고 꽃잎을 낱개로 한다.

02 흑미와 멥쌀에 분량의 물을 넣고 끓인다.

03 대추를 넣고 걸죽하게 만든 뒤 불을 끄기 직전에 해당화를 넣고 저어 완성한다.

효능

혈액순환을 왕성하게 하고 피부에 영양을 공급해 미백효과가 있다. 해당화, 대추, 흑미의 배합은 내분비 계통의 기능이 교란된 것을 개선시킬 수 있으며, 동시에 혈액순환을 촉진시켜 생리불순, 식욕부진 등의 증상을 개선시킬 뿐만 아니라 주름살제거와 미백의 효과도 함께 얻을 수 있다.

참고사항

먼저 대추와 해당화를 끓여낸 즙에 나머지의 물과 재료를 넣고 죽을 끓여도 좋은 효과를 얻을 수 있다. 해당화와 대추는 비타민C 함량이 레몬보다 훨씬 높고 지방 제거 효과도 있다.

오디단삼죽

기미 주근깨에 대한 약죽

재료

상심자(桑椹子, 오디) 30g, 단삼(丹蔘) 15g,
적작약(赤芍藥) 15g, 알로에(蘆薈) 15g,
당귀(當歸) 15g, 찹쌀 100g, 꿀 10g,
물 1500mL

조리법

1 상심자, 단삼, 적작약, 알로에, 당귀를 냄비에 넣고 물 1500mL와 함께 1시간 끓여서 약즙을 만든다.

2 찹쌀을 깨끗이 씻어 약즙을 넣고 찹쌀이 죽이 될 때까지 끓여 꿀을 넣어 완성한다.

효능

매일 아침 저녁 따뜻하게 복용하면 신장(腎臟)의 기운을 보충하면서 소화기계를 튼튼하게 하고 어혈(瘀血)을 제거한다. 또한 혈액순환을 원활하게 하여 기미 주근깨를 제거할 수 있다.

행인백과죽

기미 주근깨에 대한 약죽

재료

행인(杏仁, 살구씨) 15g, 백과(白果, 은행) 15g,
도인(桃仁, 복숭아씨) 10g, 계란1개,
멥쌀 100g, 알룰로스 3g, 물 1500mL

조리법

1. 행인, 백과, 도인에 물 1500mL를 넣어 1시간 끓여서 약즙을 만든다.
2. 멥쌀을 깨끗이 씻어 약즙을 넣어 약한 불로 쌀이 불러질 때까지 끓인다.
3. 계란과 알룰로스를 넣고 한소끔 끓여 완성한다.

효능

매일 아침 저녁 따뜻하게 복용하면 기혈(氣血)의 순환을 돕고 풍(風)을 제거시키면서 혈액순환을 원활하게 유지시켜 피부의 기미 주근깨 등이 감소되거나 제거될 수 있다.

해당화진피죽

기미 주근깨에 대한 약죽

재료

해당화(玫瑰花) 10g, 진피(陳皮) 10g, 멥쌀 100g, 알룰로스 6g, 물 900mL

조리법

01 해당화와 진피를 온수에 30분간 담갔다가 물 500mL를 넣고 15분간 끓여서 즙을 취한다.

02 멥쌀에 물 400mL를 넣어 죽을 끓인다.

03 죽이 완성될 때에 약즙을 넣고 한소끔 끓이고 기호에 따라 알룰로스를 넣어 완성한다.

효능

매일 아침 저녁 따뜻하게 복용하면 간기(肝氣)를 소통시키고 풍(風)을 제거시킴으로써 기(氣)의 운동이 원활하게 되어 기미 주근깨를 제거할 수 있다. 특히 부녀자들의 기미에 좋다.

귤산사죽

기미 주근깨에 대한 약죽

재료

멥쌀 100g, 귤 2개, 산사 30g, 알룰로스 6g, 물 1000mL

조리법

1 귤과 산사는 깨끗이 씻어 2등분하고, 멥쌀은 깨끗이 씻어 물에 1시간 담가둔다.

2 냄비에 물 멥쌀, 귤, 산사를 넣고 센 불로 끓여 물이 끓기 시작하면 약한 불로 줄인다.

3 쌀이 물러졌을 때 알룰로스를 넣어 완성한다.

효능

주근깨를 제거하고 미백효과와 함께 피부에 탄력을 제공할 수 있다.

참고사항

귤은 종류에 따라 씨가 있는 경우 미리 제거해야 한다.

3. 다이어트 약죽

현대인의 많은 관심사항 중 하나인 다이어트 관련 약품은 많은 종류가 있다. 하지만 약은 어떠한 형식으로든 독성과 무관할 수 없다. 따라서 평소 식생활 중 지방을 제거할 수 있는 음식을 섭취하고 동시에 적당한 체력단련을 병행한다면 진정한 다이어트 효과를 얻을 수 있다. 다이어트에 도움이 되는 식재료는 녹두, 미역, 호박, 산사, 동과 오이 등이 있다. 비만은 체내 지방의 축적이 원인이므로 적당한 운동과 식이요법으로 지방을 억제 및 제거시키는 것이 가장 이상적인 방법이다. 위의 재료는 단순히 지방을 억제시키는 작용뿐만 아니라 체내 독소와 불필요한 수분을 제거하는 효과도 있어 다이어트 식품으로 많이 이용되고 있다.

해당화팥현미죽

다이어트 약죽

재료

현미 200g, 해당화 20g, 팥 30g, 대추 5개, 물 2000mL

조리법

01 대추는 씻어서 씨앗을 제거하고, 해당화는 분쇄한다. 현미는 씻어 물에 1시간 이상 담가 두고 팥은 삶아 물을 버리고 다시 삶는다.

02 현미를 넣고 한번 더 끓인 뒤, 팥, 대추, 해당화를 넣고 약한 불로 줄여 걸죽하게 될 때까지 끓여 완성한다.

효능

기와 혈을 보충하고 혈액순환을 활성화시켜 다이어트에 도움을 준다. 해당화는 기혈을 소통시켜 식욕을 증진시키고 스트레스를 해소시키며, 미백효능과 주근깨 등의 제거에도 일정한 효과가 있다.

참고사항

현미는 식감이 거칠게 느껴지므로 물에 담가두는 시간을 길게 할 필요가 있다.

오인진피죽

다이어트 약죽

재료

멥쌀 150g, 행인(杏仁·살구씨) 5g, 도인(桃仁·호두), 백자인(柏子仁·측백나무 씨), 호마인(胡麻仁·검은참깨) 각 10g, 진피(귤껍질) 3g, 알룰로스 6g, 물 1100mL

조리법

1 행인, 송자인, 백자인, 도인 그리고 호마인을 믹서기에 넣고 분쇄한다. 약재 분말을 물 300mL에 풀어준다. 멥쌀은 깨끗이 씻어 물에 1시간 정도 담가둔다.

2 멥쌀을 냄비에 넣고 끓여 죽을 만든 뒤 1)의 약재와 진피를 넣고 약한 불로 줄여 죽의 표면에 기름기가 보일 때까지 끓인 뒤 기호에 따라 알룰로스를 넣어 완성한다.

효능

장의 기능을 활성화시켜 배변 활동이 원활하게 되며 동시에 체내 독소를 배출한다. 다섯가지의 씨앗은 불포화지방산을 풍부하게 함유하며 장의 기능을 활성화시킨다.

참고사항

다섯가지 씨앗 종류는 모두 믹서기로 분쇄해서 사용하면 훨씬 더 영양분이 체내에 잘 흡수될 수 있다. 백자인은 산패되기 쉬우므로 갈색병에 넣어 서늘한 곳에 보관해야 한다.

팥녹두산사죽

다이어트 약죽

재료

팥, 녹두 각 100g, 산사 30g, 대추 10개, 물 1200mL

조리법

01 녹두는 깨끗이 씻어 물에 1시간 담가둔다. 대추는 씨를 제거하고 잘게 썰어 둔다.

02 팥은 씻어 끓으면 물을 버리고, 다시 물을 부어 삶는다.

03 녹두를 냄비에 넣고 물 500mL와 함께 끓여 반쯤 익힌다.

04 3)에 삶은 팥, 산사와 대추를 넣어서 분량의 물이 다시 끓기 시작하면 약한 불로 줄여 팥과 녹두가 물러질 때까지 끓여 완성한다.

효능

체내 독소와 지방을 제거하고 이뇨작용 등으로 다이어트 효과가 있다. 팥과 녹두는 모두 체내 독소를 제거할 수 있으며, 섬유소는 많으면서 지방 함량은 낮은 좋은 식재료이다. 산사는 지방을 분해하는 효과가 탁월하므로 이들의 배합은 다이어트에 충분한 기여를 할 수 있다.

참고사항

녹두는 반드시 미리 물에 담가둬야 죽을 끓일 때 시간을 절약할 수 있다. 팥은 철을 풍부하게 함유하며 혈액을 보충하는 작용이 있어 특히 생리기간 중인 여성들이 섭취하면 혈액의 보충뿐만 아니라 혈액순환과 면역력 제고에도 도움이 될 수 있다.

산사호박팥죽

다이어트 약죽

재료

산사 10g, 팥 30g, 호박 50g, 멥쌀 100g, 물 1000mL

조리법

1 호박은 깨끗이 씻어 적당한 크기로 썰고, 팥은 씻어 삶은 물을 버리고, 다시 물을 넣어 삶는다.

2 산사, 팥, 호박 그리고 멥쌀을 물과 함께 냄비에 넣어 끓여 팥과 멥쌀이 물러지도록 한 뒤 완성한다.

효능

신진대사를 원활하게 하면서 지방을 제거해 다이어트에 유용하다. 호박은 기를 보충하면서 폐의 기능을 활성화시키고, 산사는 식욕을 증진시키면서, 지방을 분해하는 효과가 탁월하다. 팥은 장의 연동운동을 활성화시키고 이뇨작용을하여 체내 불필요한 수분을 제거한다.

참고사항

일반적으로 호박은 양고기와 상극임에 유의한다.
팥을 바로 삶는 이유는 팥의 전분 함량이 68%로 높아 물을 쉽게 흡수하기 때문에 미리 불리지 않아도 껍질만 연해지면 속은 쉽게 연해지므로 바로 가열하여 껍질을 연화시킨다. 팥의 표피에는 청산배당체를 함유하므로 처음 삶은 물은 버리고 다시 삶아서 이용한다.

생강산사죽

다이어트 약죽

재료

멥쌀 100g, 산사 10g, 생강 10g,
마늘 20g, 물 800mL

조리법

01 생강은 깨끗이 씻어 잘게 썰고, 산사는 씨앗을 제거하며 마늘은 얇게 썰어 둔다. 생강은 즙을 낸다. 멥쌀은 깨끗이 씻어 물에 1시간 담가 둔다.

02 멥쌀을 냄비에 넣고 분량의 물과 함께 끓여 물이 끓으면 산사, 생강즙, 마늘을 넣고 약한 불로 줄여 30분간 더 끓여 걸죽하게 만들어 완성한다.

효능

소화기능을 활성화키고 지방과 어혈을 제거한다. 생강과 산사의 배합은 지방대사를 촉진시키고 체내 적체된 지방을 제거시켜 다이어트에 효과적이다.

참고사항

위의 재료 중 생강을 먼저 넣거나 또는 생강을 끓여 만든 생강즙에 쌀을 넣고 죽을 만들어도 좋은 효과가 있다. 각종 염증이 있는 사람은 산사의 수렴성이 소염작용에 영향을 줄 수 있음에 유의해야 한다.

4. 모발(毛髮) 관련 약죽

두발(頭髮)은 인체의 기혈(氣血)과 오장육부(五臟六腑)의 기능을 판단하는 중요한 지표 중 하나이다.

한의학적으로 신장은 선천적인 정기의 저장창고로서 임신 중 배아(胚芽)의 성장과 발육은 물론 출생 후의 생장과 발육 과정에 중요한 작용을 한다. 또한 인체의 생식기능의 강약 역시 신정(腎精)의 충만과 밀접한 관련이 있다. 동시에 "신장 기능의 정화(精華)가 모발에 나타난다(腎其華在髮)."고 하였는데 화(華)라는 것은 정화(精華)가 외부로 나타난다는 뜻으로 머리카락의 영양은 혈(血)에서 비롯되지만 머리카락의 생기(生氣)는 신장의 기운으로부터 나온다는 뜻이다. 체내 신기(腎氣)의 외부적인 표현은 모발에 나타나므로 신기가 충족될 경우 모발이 검은색을 띠며 숱이 많고 윤택하게 된다.

또한 정신적으로 긴장하면서 과도한 고민으로 충분한 수면을 유지하지 못하거나 만성질환자는 간과 신장의 기혈(氣血)이 허약해지면서 모발에 영향을 초래할 수 있다. 따라서 합리적인 영양 섭취와 균형잡힌 약선(藥膳) 등을 섭취하게 되면 전반적인 신체의 균형이 이루어지면서 탈모 예방은 물론 윤기있는 모발을 유지할 수 있다.

하수오흑미죽

모발(毛髮) 관련 약죽

재료

하수오 30g, 호두 15g, 검은깨 15g,
흑미 100g, 알룰로스 3g, 물 1300mL

조리법

01 하수오를 깨끗이 씻어 끓여서 하수오즙을 만들고, 검은 깨는 고소한 향이 나도록 볶는다. 흑미는 깨끗이 씻어 물에 2시간 정도 담가둔다.

02 냄비에 하수오즙과 분량의 물을 붓고, 흑미, 검은깨, 호두를 함께 넣어 끓인다. 죽이 완성될 때에 알룰로스를 넣고 한소끔 끓여 완성한다.

효능

신장과 간의 기능을 강화시키고 면역력을 제고시켜 탈모 및 조기 백발을 예방할 수 있다.

참고사항

하수오는 영양이 풍부할 뿐만 아니라 기름을 제거하는데 탁월한 효과가 있다. 국을 끓일 때 하수오 4조각 정도를 넣으면 기름을 제거할 수 있을 뿐만 아니라 국의 풍미도 배가시킬 수 있다.

천문동검은콩죽

모발(毛髮) 관련 약죽

재료

천문동 30g, 검은콩 30g, 검은깨 30g, 찹쌀 60g, 알룰로스 3g, 물 800mL

조리법

1 찹쌀은 씻어 물에 1시간 담가 두고 검은 콩은 씻어 물에 2시간 담가 둔다.

2 천문동, 검은콩, 찹쌀을 끓는 물에 넣고 센 불로 끓인다.

3 약한 불로 줄여 검은깨를 넣고 30분간 더 끓여 죽이 걸죽하게 되었을 때 알룰로스를 넣어 완성한다.

효능

기와 혈을 보충해서 모발을 검게하고 치아를 건강하게 한다. 천문동과 검은콩의 배합은 체내 혈액 및 체액을 보충해서 현기증과 탈모 치료에 도움이 되며, 모발을 검게 유지시키는 작용이 있다.

참고사항

먼저 검은콩을 믹서기로 갈아서 두유를 만든 뒤 나머지 재료와 함께 냄비에 넣고 죽을 만들 수도 있다. 검은콩은 고온에 노출될 경우 영양성분이 파괴될 수 있으므로 유의해야 한다.

산약검은깨죽

재료

검은 참깨(芝麻) 50g, 멥쌀 50g,
산약(山藥 : 마) 20g, 소금 약간, 물 700mL

조리법

01 검은깨는 깨끗이 씻어 물기를 제거하고 약한 불로 볶는다.

02 멥쌀은 불려서 가루로 빻아 놓는다.

03 쌀가루, 검은깨, 산약 분말을 섞어 물을 넣어 죽을 끓인 후 소금을 넣어 완성한다.

효능

매일 2회씩 복용함으로써 간신(肝腎)을 보하고 비장(脾臟)을 튼튼하게 하여 피부를 윤택하게 할 수 있다. 특히 간신(肝腎)이 허약해서 나타나는 조기 백발, 거친 피부 등의 증상에 적합하다.

오디하수오죽

모발(毛髮) 관련 약죽

재료

상심자(桑椹子, 오디) 25g, 하수오(何首烏) 20g, 여정자(女貞子) 15g, 한련초(旱蓮草) 15g, 멥쌀 100g, 알룰로스 3g, 물 1500mL

조리법

01 4종류의 약재에 분량의 물을 넣어 1시간 끓여 약즙을 만든다. 멥쌀은 씻어 물에 1시간 담가둔다.

02 약즙에 멥쌀을 넣고 끓여서 죽을 만든다.

03 알룰로스를 넣어 죽을 완성한다.

효능

아침 저녁으로 따뜻하게 복용함으로써 간신(肝腎)의 정혈(精血)을 보(補)하면서 윤택한 모발을 유지할 수 있다.

검은콩깨호두죽

모발(毛髮) 관련 약죽

재료

검은 참깨 20g, 검은 콩 30g,
핵도인(核桃仁, 호두) 30g, 찹쌀 100g,
물 1400mL

조리법

01 참깨, 호두를 타지 않게 볶아 분말을 만든다.

02 검은 콩은 물에 2시간 담가 불린 뒤, 검은콩과 찹쌀에 물을 넣어 죽을 만든다.

03 죽이 만들어지면 1)의 분말을 넣어 한소끔 끓여 완성한다.

효능

아침 저녁으로 따뜻하게 복용하면 신장(腎臟)과 비장(脾臟)을 보하면서 뇌의 기능을 활성화시켜 모발을 검고 윤택하게 할 수 있다.

검은깨오골계죽

모발(毛髮) 관련 약죽

재료

오골계 1마리, 검은깨 100g, 구기자 30g, 대추 4개, 마늘 10g, 생강 5g, 소금 3g, 물 3000mL

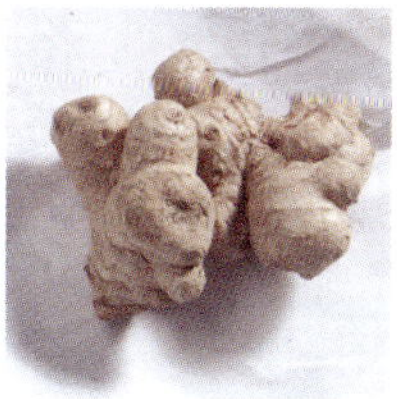

조리법

1 오골계를 깨끗이 씻어 끓는 물에 5분간 삶아 적당한 크기로 자른다.

2 검은깨는 향기가 나도록 볶아 놓고, 구기자, 대추, 생강은 씻고 대추는 씨를 제거하고 생강은 잘게 썰어 둔다.

3 모든 재료를 냄비에 넣고 3000mL의 물과 함께 센 불로 끓여 물이 끓기 시작하면 약한 불로 줄여 푹 끓여서 소금을 넣어 완성한다.

효능

체내 혈액과 체액을 증진시켜 탈모를 예방한다. 검은깨와 오골계의 배합은 풍부한 단백질과 철분, 비타민 등의 미량 영양소를 포함하고 있어 탈모예방에 좋은 효과가 있다.

참고사항

위의 식재료에서 구기자 대신 마, 복령, 흰목이버섯 등을 넣어서 죽을 만들어도 비슷한 효과를 얻을 수 있다.

4장 계절별 약죽(藥粥) (23종)

사계절과 인간의 건강은 밀접한 관련을 갖고 있다.

한의학 양생(養生)에서 인간은 춘하추동 사계절의 음양소장(陰陽消長) 규칙에 순응하고 한열온량(寒熱溫涼) 기후의 변화에 적절히 적응해야 건강하게 장수할 수 있다. 한의학 이론에서는 인체의 질병에 대한 예방과 보건적 측면에서 기상요인(氣象要因)의 중요성을 특히 강조하고 있다. 《황제내경(黃帝內經)》에서도 질병을 치료하기 위해서는 가장 먼저 고려해야 할 것이 1년의 기후변화 상황이고, 질병의 예방과 보건 측면에서도 반드시 기상요인(氣象要因)과 계절 및 절기(節氣)의 변화를 충분히 고려해야 한다. 즉 자연의 규율에 순응해야만 질병을 치료하고 건강한 신체를 유지할 수 있는 최적의 상태에 도달할 수 있음을 강조하고 있다("必先歲氣,無伐天和").

사계절(四季節) 양생(養生)의 기본 원칙은 다음과 같다.

1. 자연의 변화에 순응하라.

정신활동, 기거(起居), 일과 휴식, 음식오미(飮食五味) 등 모든 부분에 대해 사계절의 변화에 순응해서 적당히 조절되어야 한다. 특히 일과 휴식은 일상생활이 규칙적이어야 하며 춘하(春夏)의 계절에는 늦게 자고 일찍 일어나며(夜臥早起), 가을에는 일찍 자고 일찍 일어나며(早臥早起), 겨울에는 일찍 자고 늦게 일어나는(早臥晩起) 습관으로 자연의 변화에 순응해야 한다.

2. 심신(心身)을 함께 고려하라.

사계절의 양생(養生)은 반드시 심신(心身)을 함께 고려해야만 한다.

신체적인 면에서는 주로 장부(臟腑)를 포함한 전신에 대한 양생으로 음식, 일과 휴식, 일상생활, 체력단련, 기공(氣功) 등으로 광범위하다.

정신적인 면에서는 탐욕, 화냄, 깊은 고민 등은 정기를 소모시킬 수 있기 때문에 과도한 정신적 자극으로 정서적인 안정에 해를 끼치는 일을 삼가야 한다.

정서적으로 안정되어 있을 때 기(氣)의 운동이 원활해짐은 물론 혈기(血氣)가 왕성해지면서 신진대사(新陳代謝)가 원활해져 질병에 대한 저항력을 높일 수 있다.

3. "정(靜)"과 "동(動)"의 상호조화

"정(靜)"과 "동(動)"의 적절한 조합은 양생과 질병 예방에 대한 목적을 달성할 수 있다. "정(靜)"은 정신적인 안정과 신체 활동의 상대적인 안정 상태를 말한다. "정(靜)"은 예를 들면 기공(氣功)에서 신체를 활용한 운동없이 일정한 자세와 특정 호흡방법 및 정신 수련 방법 등을 활용한다. "정(靜)"적인 상태하에서 내부적인 자아(自我) 단련과 조절을 통해 신체를 조정(調整)하고 회복(恢復)시켜 이상적인 상태에 이르도록 한다.

"동(動)"은 노동과 운동 두 가지가 있는데 한의학에서 "동(動)"에 대한 중요성을 다음과 같이 강조하고 있다. 지속적인 운동은 기(氣)의 운동을 원활하게 함으로써 신체 기혈(氣血)의 순환이 원활하게 되고 관절이 부드럽게 되면서 전반적인 저항력이 향상된다. 현대 의학에서도 규칙적인 운동을 할 경우 신진대사(新陳代謝)가 촉진되어 신체의 활력이 넘치고 따라서 신체 각 기관의 노화를 지연시킬 수 있음이 증명되고 있다.

"과유불급(過猶不及)"이라는 표현과 같이 사계절(四季節)의 양생(養生) 역시 "정(靜)"과 "동(動)"이 지나치거나 부족하게 되면 반드시 신체의 건강에 영향을 미치게 되고 질병으로 발전하게 된다. 따라서 운동도 적당한 활력을 찾을 수 있는 정도가 적당하며 정신적인 노동의 강도를 조절해야 한다.

결론적으로 "정(靜)"과 "동(動)"은 이율배반(二律背反)적인 두 가지 측면으로 이해할 수 있지만 진정한 양생(養生)과 질병으로부터의 예방(豫防)을 위해서는 어느 한쪽으로 치우치지 않는 상호조화(相互調和)가 중요하다.

1. 봄철 약죽(藥粥)

입춘(立春)에서 입하(立夏)까지의 3개월을 춘계(春季)로 계산하며, 입춘(立春), 우수(雨水), 경칩(驚蟄), 춘분(春分), 청명(淸明), 곡우(穀雨) 등 6개의 절기(節氣)가 포함되어 있다.

일반적으로 즉 "입(立)"은 시작을 의미하며 봄의 서막을 알림과 동시에 만물이 소생하는 계절이 도래했음을 상징하고 있다.

입춘(立春)이 되면 낮의 길이가 현저히 길어지며 기온(氣溫)과 강수량(降水量)도 상승하게 된다. 한의학에서는 입춘이 되면 특히 간장(肝臟)의 보양(保養)에 신경을 써야 된다. 한의학 오행(五行)의 특성에서 봄은 목(木)에 속하며 간(肝)과 상응하기 때문에 봄에는 양기(陽氣)와 간기(肝氣)의 보호에 특히 주의한다. 입춘(立春)이 되면 간(肝)의 화기(火氣)가 쉽게 상승(上昇)하기 때문에 특히 정서적으로 화내거나 우울한 일을 잘 조절할 수 있어야 한다. 오장(五臟)과 오미(五味)에서 산미(酸味 : 신맛)는 간(肝)으로 들어가 수렴하는 성질이 있기 때문에 양기(陽氣)의 발생이 불리할 뿐만 아니라 간기(肝氣)가 울결(鬱結)되지 않고 원활한 흐름을 유지하는데도 불리하게 된다. 따라서 입춘(立春)의 절기(節氣)에 장부(臟腑)에 적절한 음식은 신감(辛甘 : 맵고 달콤한 맛)하면서 발산(發散)시키는 음식위주로 섭취해야 한다. 신감발산(辛甘發散)에 해당하는 채소와 과일은 배추, 양배추, 미나리, 시금치, 유채, 상치, 죽순, 오이, 향채(香菜 : 고수), 부추, 완두콩,양파, 갓, 무, 고추, 생강, 파, 마늘, 쑥갓, 회향(茴香), 냉이, 씬추리, 나팔꽃나물, 고사리, 동과(冬瓜), 참외, 수세미, 가지 등이다.

수렴(收斂性)이 강한 산미(酸味)의 과일과 채소는 귤, 유자, 살구, 모과, 오디, 비파(枇杷), 오렌지, 산사(山楂), 감람(橄欖), 레몬, 석류(石榴), 매실, 쇠비름, 토마토 등이다.

간기(肝氣)의 원활한 작용을 위한 약죽의 일반적인 재료는 다음과 같은 것들이 있다. 예를들면, 구기자(枸杞子), 현호(玄胡), 단삼(丹蔘), 울금(鬱金), 대추(大棗), 땅콩, 발효콩(두시豆豉), 파, 고수(香菜) 등이다.

완두조죽

봄철 약죽

재료

완두콩, 좁쌀, 멥쌀 각 50g, 꿀 5g, 물 900mL

조리법

1. 완두콩, 좁쌀, 멥쌀을 깨끗이 씻어 물기를 제거한다.
2. 좁쌀과 멥쌀을 냄비에 분량의 물과 함께 센 불로 끓여 물이 끓기 시작하면 완두콩을 넣고 약한 불로 줄인다.
3. 죽이 냄비에 눌러붙지 않도록 잘 저어주면서 쌀이 걸쭉하게 될 때까지 끓여 꿀을 넣어 완성한다.

효능

기의 순환을 돕고 특히 소화기계의 작용이 원활하도록 도와 신체의 면역력을 제고시킨다. 소화력이 부족한 사람들의 구역질, 구토, 복부 팽만감 등의 증상들을 완화시킬 수 있을 뿐만 아니라 항균, 소염작용 외에 봄철 춘곤증의 극복에도 도움이 된다.

참고사항

완두콩은 쉽게 익기 때문에 시간을 너무 길게하지 않도록 해야 한다. 죽이 완성된 뒤 저당량의 꿀을 넣으면 풍미를 더하면서 동시에 완두콩 특유의 냄새를 제거할 수 있다.

오디찹쌀죽

봄철 약죽

재료

오디 100g, 찹쌀 150g, 물 1100mL

조리법

1 오디는 깨끗이 씻어 수분을 제거하고, 찹쌀은 깨끗이 씻은 뒤 물에 1시간 담가둔다.

2 오디와 찹쌀을 함께 냄비에 넣고 물을 넣어 센 불로 끓여 물이 끓기 시작하면 약한 불로 줄인 뒤 걸죽해질 때까지 끓여 완성한다.

3 죽에 오디를 올려 장식한다.

효능

체액을 증진시켜 체내의 건조한 증상을 완화시킬 수 있다. 체내에 진액을 생성하여 간장의 기능을 보호함으로써 면역기능을 제고시키고 항노화 효과를 기대할 수 있다. 특히 여성들에게 적합하다.

참고사항

오디를 믹서기로 갈아 죽에 첨가하면 더욱 쉽게 체내에 흡수될 수 있다.

부추죽

봄철 약죽

재료

멥쌀 100g, 부추 10g, 소금 2g, 물 800mL

조리법

01 쌀과 부추를 깨끗이 씻은 뒤 부추는 1cm 길이로 자른다.

02 냄비에 쌀과 물을 넣고 센 불로 끓여 물이 끓기 시작하면 약한 불로 줄인 뒤 잘 저어 주면서 죽이 걸죽하게 되었을 때까지 끓인다.

03 부추와 소금을 넣어 한소끔 끓여 완성한다.

효능

양기를 북돋아주고 소화기계를 원활하게 함으로서 면역력을 제고시킨다. 부추는 양기를 보충하는 대표적인 식재료로서 풍부한 섬유소와 함께 위의 연동운동을 활성화시키고 콜레스테롤의 흡수를 감소시켜 봄철 춘곤증 극복에 유용하다.

참고사항

부추는 끓이는 시간을 너무 길게 하면 엽산 등의 물질이 오히려 영양성분을 파괴할 수 있고 식후에 위장의 기능에 부담을 초래하므로 유의해야 한다.

양고기산약죽

재료

양고기 100g, 멥쌀 100g, 산약(山藥, 마)30g, 백편두(白扁豆) 15g, 물 1200mL

조리법

01 양고기를 깨끗이 씻어 잘게 썰고, 산약과 백편두를 깨끗이 씻는다.

02 양고기, 쌀, 산약, 백편두에 물 1200mL를 넣고 함께 끓여서 죽을 완성한다.

효능

아침 저녁의 식사로 대용하면 비위(脾胃)를 튼튼하게 할 수 있다. 따라서 소화기계의 허약으로 인한 소화불량, 설사 등의 증상에 적합하다.

마검실율무죽

봄철 약죽

재료

산약(마), 검실, 율무 각 50g, 알룰로스 5g, 물 800mL

조리법

1 모든 재료를 깨끗이 씻어둔다. 율무는 물에 3시간 담근다.

2 율무와 검실에 물을 넣고 센 불로 삶은 뒤 마를 넣고 약한 불로 줄인다.

3 쌀이 물러질 때까지 끓여 알룰로스를 넣고 한소끔 끓여 완성한다.

효능

식욕과 체력을 증진시켜 면역력을 제고시킨다. 마와 검실은 소화기계가 조화롭게 운동하도록 돕고, 수렴성이 있어 지사작용을 한다. 따라서 식욕부진, 빈뇨 등의 증상에 효과가 있으며, 봄철 춘곤증을 극복하는데 도움이 된다.

참고사항

마는 점액질 성분이 풍부하여 먼저 식초에 한번 씻은 뒤 적당한 크기로 잘라 소금물에 담가두면 산화를 방지할 수 있다. 마는 껍질이 두껍고 무거울수록 품질이 우수하다.

대추땅콩마죽

재료

대추 10개, 땅콩 45g, 마 50g, 멥쌀 100g, 물 1200mL

조리법

01 땅콩, 대추를 깨끗이 씻어 15분간 물에 담가 둔다. 멥쌀과 마를 깨끗이 씻어 마는 잘게 썬다. 멥쌀은 씻어 물에 1시간 담가 둔다.

02 땅콩, 대추, 물을 냄비에 넣고 센 불로 끓인 후 멥쌀과 마를 넣고 약한 불로 줄여 죽이 걸죽해질 때까지 끓여 완성한다.

효능

간장과 비위의 기능을 돕고 콜레스테롤을 낮춘다. 위의 재료들은 봄철 환절기에 자주 발생하는 심뇌혈관 질환도 예방할 수 있다.

참고사항

평소 멥쌀을 깨끗이 씻어 불린 뒤 냉동시켜 적당량을 사용하면 시간을 절약할 수 있다. 이 경우 쌀이 냄비에 눌러붙지 않도록 잘 저어줘야 한다. 땅콩은 고단백, 고지방, 고열량의 식품으로 위장염을 앓고 있는 환자는 소화흡수에 부담을 가져올 수 있다.

2. 여름철 약죽(藥粥)

여름철은 입하(立夏), 소만(小滿), 망종(芒種), 하지(夏至), 소서(小暑), 대서(大暑) 등 여섯 개의 절기(節氣)를 포함하고 있으며 양기(陽氣)가 가장 왕성한 계절이다.

한의학에서는 여름철을 전·후 두 단계로 구분한다. 전(前) 단계는 입하(立夏)에서 하지(夏至)까지의 음력 4, 5월로 이때는 태양이 점차 북쪽으로 이동하면서 지구의 북반구에 속해있는 우리나라는 낮이 점차 길어지고 밤은 짧아지면서 날씨가 무더워지고 만물의 성장(成長)이 무성(茂盛)해진다.

후(後) 단계는 음력 6월로 절기상으로는 소서(小暑), 대서(大暑)가 포함되며 무더운 여름 날씨로 인해 신진대사가 왕성한 시기이며 인체의 양기(陽氣)가 외부로 발산되는 시기로 기후의 변화에 특히 주의해야 한다.

입하(立夏)는 매년 5월 5일 혹은 6일로 여름철의 첫 번째 절기(節氣)에 해당하며 우리는 전통적으로 입하(立夏)를 여름철이 시작되는 때로 인식해 왔다.

입하(立夏)가 도래하고 기후가 점차 더워지면서 무더운 여름철 날씨의 영향으로 위장(胃腸)의 기능은 상대적으로 감퇴된다. 따라서 정상적인 위장(胃腸)의 기능을 확보하기 위해 음식물을 선별해서 섭취할 필요가 있다. 명나라 시대의 명의(名醫) 이시진(李時珍)은 “녹두(綠豆), 연자(蓮子 : 연밥), 하엽(荷葉 : 연잎), 노근(蘆根), 편두(扁豆) 등과 멥쌀로 죽을 만들어서 섭취하면 여름철의 더위를 식히면서 비위(脾胃)를 튼튼히 할 수 있다”라고 소개하였다.

노인들은 담백하면서도 몸을 보(補)할 수 있는 죽 위주로 섭취하고 더위를 식히고 비위(脾胃)의 기능을 원활하게 하는 음식과 콜레스테롤 및 혈압 강하에 유익한 음식을 섭취하여 혈관을 보호할 수 있도록 한다.

여름철 보양식 중 추어탕(鰍魚湯)은 어린이들에게는 성장발육을 돕고 노인들에게는 심혈관 계통의 노화를 예방할 수 있는 음식으로 한의학에서는 비위(脾胃)의 기(氣)를 보하면서 습(濕)한 사기(邪氣)를 제거하며 소염(消炎)작용이 있다고 한다.

실제로 미꾸라지는 일반 어류보다 단백질, 아미노산, 비타민 B_1, 비타민 A, 비타민 C 및 칼슘을 풍부하게 함유하고 있어 "수중인삼(水中人蔘)"으로도 불린다.

여름철에는 비위(脾胃)의 소화기능이 감퇴되므로 아침과 저녁은 죽으로 식사를 하는 것도 좋은 방법인데 죽을 끓일 때 하엽(荷葉 : 연잎)을 첨가하면 식욕을 돋우면서 진액(津液)을 생성시켜 더위를 이길 수 있다. 이밖에 녹두를 끓여 섭취함으로써 여름철 갈증의 해소뿐만 아니라 진액(津液)을 생성시키면서 해독(解毒)작용을 기대할 수도 있다.

민들레녹두죽

여름철 약죽

재료

녹두(綠豆) 100g, 포공영(蒲公英, 민들레 全草) 30g, 알룰로스 3g, 물 1500mL

조리법

01 포공영을 깨끗이 씻어 물을 넣어 30분 끓여서 약즙을 취한다. 녹두는 깨끗이 씻어 물에 3~4시간 담가둔다.

02 녹두에 약즙을 넣어 죽을 만든 후 알룰로스를 넣어 완성한다.

효능

매일 3회씩 5, 6일 정도 복용하면 심열(心熱)의 상승으로 인한 구강궤양증(口腔潰瘍症) 등에 효과가 있다.

박하녹두죽

여름철 약죽

재료

박하 5g, 멥쌀, 녹두 각 50g, 물 1000mL

조리법

01 멥쌀은 씻어 물에 1시간 담가둔다. 녹두는 씻어 물에 3~4시간 담가 둔다.

02 녹두와 물을 센 불로 끓여 삶은 뒤 멥쌀을 넣고 끓여 쌀이 물러질 때 박하를 넣어 완성한다.

효능

풍열을 제거하고 인후를 편안하게 한다. 박하는 인후의 궤양 등에 대해 해열, 해독 효능이 강할 뿐만 아니라 간장의 기운을 북돋아 정서적 안정에도 도움을 준다. 또한 체내의 습열을 제거하고 유지의 분비를 개선시켜 여드름 치료 등에도 효과적이다.

참고사항

박하는 신선한 재료를 잘게 썰어 사용하는 것이 청량감을 더해줄 수 있다. 위의 식재료는 평소 소화기능이 약한 사람들에게는 신중히 사용해야 한다.

녹두율무죽

여름철 약죽

재료

녹두 60g, 율무 30g, 행인(杏仁, 살구씨) 10g, 멥쌀 100g, 물 1800mL

조리법

01 녹두, 율무, 행인을 깨끗이 씻는다. 녹두와 율무는 물에 3시간 동안 담가 둔다.

02 멥쌀에 약재와 물을 넣어 녹두가 물러질 때까지 끓여서 완성한다.

효능

아침 저녁 식사 대용으로 섭취하면 여름철의 더위를 제거함과 동시에 비장(脾臟)을 튼튼하게 함으로써 습(濕)을 제거시킬 수 있다. 여름철 더위로 인해 몸에 열이 나고 얼굴이 붉어지며 가슴이 답답한 증상 등에 적합하다.

금은화황기죽

여름철 약죽

재료

신선한 황기(黃芪) 100g, 금은화(金銀花) 80g, 멥쌀 100g, 물 1700mL

조리법

01 약재료를 깨끗이 씻고 황기, 금은화 등을 약주머니에 넣는다. 분량의 물을 넣어 30분간 끓인 뒤 약 주머니를 제거하고 약즙을 만든다. 멥쌀은 씻어 물에 1시간 담가 둔다.

02 멥쌀에 약즙을 넣고 죽을 끓여 완성한다.

효능

2회에 나눠서 식사 대용으로 복용하여 여름철의 더위를 이겨내고 습독(濕毒)을 해독시킬 수 있다. 따라서 여름철의 더위로 인해 몸에 열이 나고 땀이 많으며 가슴이 답답하면서 갈증과 권태감 등이 수반되는 무력증에 적합하다.

연잎녹두죽

재료

녹두 100g, 연잎(荷葉, 건조한 것) 15g, 박하엽(薄荷葉), 감초(甘草), 알룰로스 3g, 물 1500mL

조리법

01 박하엽과 감초를 물로 30분 끓여 찌꺼기는 여과시키고 약즙을 만든다. 연잎은 약 주머니에 넣는다. 녹두는 씻어 물에 3~4시간 담근다.

02 약즙, 녹두, 연잎 주머니를 함께 센 불로 끓여 끓인다. 물이 끓어 오르면 약한 불로 줄여 녹두가 물러질 때까지 끓인다.

03 죽에 알룰로스를 넣어 한소끔 끓여 완성한다.

효능

수시로 복용하면 여름철 더위와 습(濕)으로 인한 식욕부진 및 체력저하를 극복할 수 있다.

연자녹두죽

여름철 약죽

재료

멥쌀 50g, 녹두 50g, 연자 20g, 알룰로스 3g, 물 1000mL

조리법

1 멥쌀, 녹두를 깨끗이 씻은 뒤 멥쌀은 물기를 제거하고, 녹두는 물에 3~4시간 정도 담가둔다.

2 녹두를 냄비에 넣고 센 불로 30분정도 삶은 뒤 다시 멥쌀과 연밥을 넣고 약한 불로 줄인다.

3 쌀이 물러지면 알룰로스를 넣어 완성한다.

효능

소화기계를 활성화시켜 지사작용과 함께 더위를 극복하게 한다. 녹두는 차가운 성질로 해열, 해독작용이 있어 여름철 발열 감기, 구토, 설사, 구강궤양 등에 좋은 효과가 있다.

참고사항

녹두를 물에 2시간 정도 담가 둔 뒤 하룻밤을 냉장고 보관했다가 죽의 재료로 사용하면 쉽게 익고 물러질 수 있다. 평소 소화기능이 약한 사람은 신중하게 사용해야 한다.

3. 가을철 약죽(藥粥)

가을철은 입추(立秋)부터 입동(立冬)까지의 3개월로 입추(立秋), 처서(處暑), 백로(白露), 추분(秋分), 한로(寒露), 상강(霜降) 등 6개의 절기(節氣)가 포함되어 있다.

예로부터 가을철을 "추고기상(秋高氣爽)", "풍고물조(風高物燥)" 등으로 표현했으며 이는 건조(乾燥)한 기후의 특징을 말한다.

입추(立秋)는 매년 양력 8월 7일 혹은 8일 쯤으로 기온이 내려가기 시작하지만 30℃ 이상으로 올라가면서 특히 남쪽에서는 한여름의 더위가 아직도 느껴지는 계절이다.

가을철의 건조한 기후는 신체의 진액(津液)을 쉽게 손상시키므로 한의학에서는 음액(陰液)을 보충하고 폐장(肺臟)의 기능을 원활하게 하는 음식 위주로 섭취할 것을 권장하고 있다. 입추(立秋)는 정기를 발산(發散)하는 계절이 아니라 수장(收藏)하는 계절이기 때문에 파, 생강 등을 적게 섭취하는 것이 좋고 신맛의 과일과 야채를 많이 섭취하는 것이 좋다. 또한 입추(立秋)에는 참깨, 찹쌀, 멥쌀, 꿀, 비파(枇杷), 파인애플, 유제품(乳製品) 등 부드러운 음식물을 많이 섭취하여 진액(津液)의 원활한 생성으로 위장(胃腸)기능이 튼튼해지도록 한다. 입추(立秋)에 적당한 음식으로 생지황죽(生地黃粥) 또는 둥글레차 등이 있다.

입추(立秋)에 적당한 음식 중 죽(粥)과 함께 콩으로 만든 음식을 들 수 있는데, 콩제품은 난백실을 풍부하게 함유하며 콜레스테롤을 함유하지 않아 현대인에게 적합하다. 또한 연근 분말, 과즙, 사과즙, 채소 스프, 계란국 등 지방 함량이 낮으면서 소화가 잘 되는 음식을 권장한다.

산약행인조죽

재료

산약(山藥, 마) 30g, 행인(杏仁) 30g,
좁쌀 150g, 물 1200mL

조리법

1. 산약을 깨끗이 씻어 껍질을 제거한 뒤 물에 씻어 건조시켜 분말로 만든다. 행인은 볶아서 껍질을 벗겨 분말로 만든다.

2. 좁쌀은 향기가 날 때까지 볶은 뒤 세 가지를 함께 분량의 물을 넣어 약한 불로 좁쌀이 물러질 때까지 끓여 죽을 만든다.

효능

아침 저녁으로 따뜻하게 복용하면 비위(脾胃)와 폐장(肺臟)의 기(氣)를 보(補)할 수 있다. 따라서 가을철의 건조한 기후로 인한 기침, 가슴 답답함, 불면증 및 만성기관지염 등의 증상에 적합하다.

용안육산약율무죽

재료

용안육(龍眼肉) 25g, 대추 25g, 산약(山藥, 마) 25g, 율무 25g, 찹쌀 100g, 알룰로스 5g, 물 1200mL

조리법

01 용안육, 대추, 산약을 씻어 용안육은 자르고, 대추는 씨를 빼고 잘게 썬다. 산약은 잘게 썬다.

02 찹쌀은 물에 1시간 담그고, 율무는 물에 3시간 담근다.

03 1)과 2)에 물을 넣고 끓여 죽을 완성한다.

효능

수시로 섭취하면 신장(腎臟)과 비장(脾臟)을 보(補)하면서 몸속의 건조한 기운을 윤택하게 하고 뇌의 활동을 활성화시킨다. 따라서 심혈(心血)이 부족해서 자주 가슴이 두근거리는 사람들에게 적당하다.

감자소고기죽

가을철 약죽

재료

멥쌀 100g, 감자 60g, 소고기 60g, 파 10g, 참기름 5g, 국간장 3g, 소금 1g, 마늘 10g, 물 1000mL

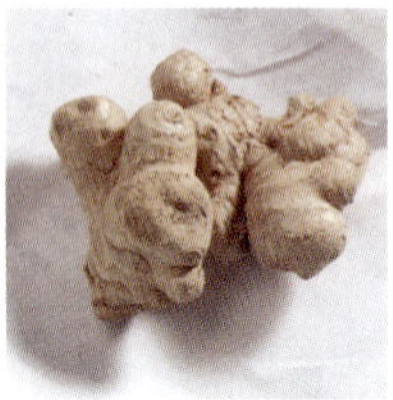

조리법

01 멥쌀을 깨끗이 씻어 물에 1시간 담가둔 뒤 물기를 제거한다. 감자의 껍질을 제거한 뒤 깨끗이 씻어 잘게 썰고, 씻은 소고기와 파는 잘게 썰어둔다.

02 냄비를 불로 달군 다음 참기름과 소고기를 넣고 볶아 국간장으로 간한다.

03 냄비에 물과 멥쌀을 넣고 센 불로 끓여 물이 끓기 시작하면 감자, 소고기를 넣고 약한 불로 줄여 걸죽할 때까지 끓인다.

04 소금, 마늘을 넣고 마지막에 파를 넣어 완성한다.

효능

체내 혈액 및 체액을 보충하고 신장의 기능이 원활하도록 보충하여 건조함으로 인한 제반 증상을 완화시키고 피부를 윤택하게 한다.

참고사항

감자는 체력을 증진시키는 건강식품일 뿐만 아니라 소화불량, 습관성변비, 만성위통, 피부습진 등의 치료에 보조적으로 사용될 수 있다.

행인패모백합죽

가을철 약죽

재료

행인(살구씨) 30g, 천패모 15g, 백합 30g, 멥쌀 100g, 물 1600mL

조리법

1 행인, 천패모, 백합을 깨끗이 씻어 약주머니에 넣어 냄비에 물 1500mL와 함께 1시간 끓여 약즙을 만든다. 멥쌀은 깨끗이 씻어 둔다.

2 멥쌀, 물 100mL와 약즙을 냄비에 넣고 중불로 30분 정도 쌀이 걸죽할 때까지 끓여 완성한다.

효능

체액을 보충하고 폐의 기능을 원활하게 함으로써 기침을 멈추고 호흡을 고르게 한다. 위 재료는 해열과 거담작용 등은 물론 위장의 기능을 활성화시켜 변비 치료에 도움을 준다.

참고사항

위 재료에 대추를 첨가하면 기혈을 보충하는 효과를 제고시킬 뿐만 아니라 호흡을 고르게 하는데도 도움이 될 수 있다. 고행인(苦杏仁)의 경우 약간의 독성을 함유하고 있으므로 사용전에 물에 담갔다가 끓여 독성을 제거한 뒤에 사용해야 한다.

백합대추찹쌀죽

가을철 약죽

재료

찹쌀 100g, 백합 40g, 대추 40g, 알룰로스 3g, 물 1800mL

조리법

01 찹쌀은 깨끗이 씻어 물에 1시간 담가 둔다.

02 대추와 물 1200mL를 냄비에 넣고 센 불로 30분간 끓인다.

03 찹쌀, 백합과 물 600mL를 넣고 약한 불로 줄여 걸죽하게 될 때 적량의 알룰로스를 넣어 완성한다.

효능

기의 순환을 원활하게 하고 기침을 멈추며 심신의 안정을 유지시킨다. 위 재료는 특히 건조한 가을에 체내 혈액순환을 원활하게 하고 심장의 기능을 활성화시켜 정서적 안정을 유지하도록 도와준다.

참고사항

건조 백합을 사용할 경우 물에 담가 부드럽게 만든 뒤 사용해야 한다.

4. 겨울철 약죽(藥粥)

겨울철은 입동(立冬), 소설(小雪), 대설(大雪), 동지(冬至), 소한(小寒), 대한(大寒) 등 6개의 절기(節氣)를 포함하고 있다. 동절기는 한랭(寒冷)한 기후로 만물이 움츠리는 계절이다. 한의학에서는 태양의 빛을 천지(天地)의 양기(陽氣)로 이해하고 있는데 겨울철은 익년(翌年)을 위해 태양이 빛을 수장(收藏)하는 계절이다. 한냉(寒冷)한 기후는 만물이 생장하는 각도(角度)에서 보면 겨울철은 다음 해를 위해 에너지를 비축하는 시간으로 해석할 수 있다.

입동은 매년 양력 11월 7일 혹은 8일쯤인데 우리는 전통적으로 입동(立冬)을 겨울의 시작으로 여겨왔다.

《월령칠십이후집해(月令七十二候集解)》에는 "입(立)은 시작을 알리고, 동(冬)은 끝이며 만물을 수장(收藏)하는 것이다.(立, 建始也, 冬, 終也, 萬物收藏也.)"고 설명하고 있다.

입동(立冬)은 겨울의 시작을 알리고 양기(陽氣)가 수장(收藏)되고 음기(陰氣)가 극성(極盛)한 절기로서 입동(立冬)이후의 음식은 음액(陰液)을 보충해주는 음식이 주가 되어야 한다. 또한 열량도 높은 것이 좋은데 예를 들면 쇠고기, 양고기, 오골계, 붕어, 콩제품, 우유 등이 있으며, 귀리, 무, 배추, 두부, 목이버섯 등 신선한 야채를 많이 섭취하여 비타민의 결핍을 방지해야 한다.

겨울철에는 추위가 심한 북쪽은 쇠고기, 양고기 등 열성(熱性)의 음식이 좋으며, 비교적 따뜻한 남쪽은 닭, 오리, 수산물 등이 좋고 고산지대에서는 야채나 과일을 많이 섭취하는 것이 좋다.

한의학에서 말하는 "동령진보(冬令進補)"는 보약은 주로 겨울철에 사용한다는 의미이지만 변증론치(辨證論治)의 진단 과정을 거치지 않은 맹목적인 보약(補藥)의 복용은 오히려 부작용을 초래할 수 있다. 식품에 곡물(穀物), 육류(肉類), 과일, 채소 등의 구분이 있듯이 사람도 남, 녀, 노, 소의 구별이 있으며 체질적으로는 한(寒), 열(熱), 허(虛), 실(實)의 구분이 있다. 따라서 겨울철의 보양식도 사람에 따라 다르게 사용해야 한다.

귀리호박율무죽

겨울철 약죽

재료

멥쌀, 율무 각 100g, 귀리 30g, 호박 150g, 알룰로스 10g, 소금 5g, 물 2100mL

조리법

1. 호박을 깨끗이 씻어 껍질을 제거한 뒤 작게 썬다. 율무는 3시간 담가 둔다.
2. 멥쌀과 율무를 적량의 물과 함께 냄비에 넣고 센 불로 끓여 물이 끓기 시작하면 약한 불로 줄인다.
3. 쌀이 걸쭉해지면 호박을 넣고 약한 불로 계속 끓여 호박이 익으면 귀리를 넣고 계속 끓인다. 마지막에 소금과 알룰로스를 넣고 한소끔 끓여 완성한다.

효능

소화기계의 기를 보충함과 동시에 소염 및 진통작용이 있다. 율무는 체내의 지나친 수분을 제거함으로서 지사작용은 물론 화농성질환을 완화시키고, 호박은 구충 및 해독작용과 함께 폐의 기능을 원활하게 한다. 귀리는 탄수화물(70.4g/100g)과 단백질(14.3g/100g) 등이 풍부하다. 따라서 위의 식재료는 겨울철 영양보충과 체력증진을 위해 유용하게 활용될 수 있다.

참고사항

율무는 이뇨작용의 약재로 임신부는 신중히 사용해야 한다.

생강아교대추죽

겨울철 약죽

재료

찹쌀 100g, 대추 50g, 아교 5g, 생강 10g, 소금 2g, 물 1000mL

조리법

1 먼저 생강을 껍질을 제거한 뒤 깨끗이 씻어 즙을 낸다. 대추는 씨를 제거하고 잘게 썬다. 찹쌀은 깨끗이 씻어 물에 1시간 담가 둔다.

2 찹쌀과 대추를 냄비에 넣고 센 불로 끓인 뒤 생강과 아교를 넣고 약한 불로 줄인다.

3 쌀이 걸죽하게 될 때까지 끓여 소금을 넣어 완성한다.

효능

속을 따뜻하게 하고 체내의 한기를 제거해서 감기를 예방한다. 위의 재료는 전체적으로 몸을 따뜻하게 하며 면역력을 제고시켜주는 보양식이다.

참고사항

찹쌀의 단맛이 생강의 매운맛을 다소 중화시키지만 생강의 사용량이 과도하면 위에 자극을 초래하므로 유의해야 한다.

용안연자찹쌀죽

재료

찹쌀 50g, 용안육(龍眼肉) 10g, 연자(蓮子), 흰참나무버섯, 대추, 백합(百合), 산약(山藥, 마), 콩(녹두, 홍두 등) 각 5g, 알룰로스 3g, 물 700mL

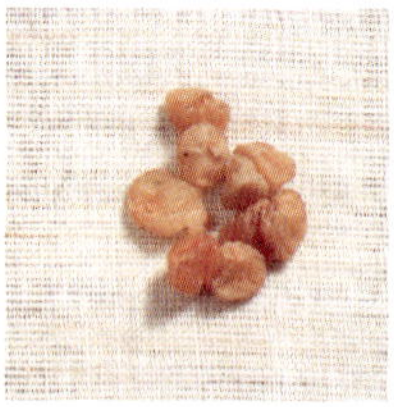

조리법

01 연자, 흰참나무버섯, 대추, 백합, 산약, 콩을 씻어 삶아 익힌다.

02 찹쌀을 물에 1시간 불린 뒤 분량의 물을 넣고 센 불에서 끓기 시작하면 약한 불로 20분간 끓인다. 용안육, 알룰로스를 넣고 다시 10분간 끓인다.

03 죽을 끓인 뒤에 1)의 익힌 재료를 넣어 한소끔 끓여 완성한다.

효능

아침 저녁으로 섭취하면 허약한 체질을 개선시킬 수 있으며, 폐(肺)의 기능을 원활하게 돕고 심혈(心血)을 보함으로써 기침과 변비를 치료할 수 있다. 또한 깨끗한 얼굴 등 미용에도 좋다. 따라서 허약한 노인들에게 기능성 식품으로 사용할 수 있으며 당뇨병, 고지혈증 등의 환자에게도 적합하다.

마밤죽

겨울철 약죽

재료

산약(마) 30g, 밤 50g, 대추 15g, 멥쌀 100g, 물 1500mL

조리법

1. 마는 껍질을 제거한 뒤 깨끗이 씻어 잘게 썰고, 밤은 속껍질을 제거한다. 멥쌀은 깨끗이 씻어 물기를 제거하고, 대추는 씨를 제거한다.
2. 냄비에 분량의 물을 넣고 끓여 멥쌀, 밤, 대추를 넣고 센 불로 20분간 더 끓인다.
3. 쌀이 물러졌을 때 마를 넣고 약한 불로 줄여 40분간 더 끓여 완성한다.

효능

체내의 기를 보충하고 신장과 소화기계의 기능을 활성화시킨다. 마와 밤의 배합은 미백과 주름살 제거에도 효과가 좋다.

호박조죽

재료

호박 100g, 좁쌀, 찹쌀 각 50g, 물 1000mL

조리법

01 호박의 껍질과 속을 제거한 뒤 적당한 크기로 자른다. 좁쌀과 찹쌀을 깨끗이 씻어 물에 1시간 담가둔다.

02 냄비에 분량의 물을 끓여 찹쌀, 좁쌀, 호박을 넣고 약한 불로 줄여 걸죽하게 되었을 때 5분 정도 뜸을 들여 완성한다.

효능

식욕과 체력을 증진시켜 면역력을 제고시킨다. 호박과 좁쌀은 위와 장의 활동을 원활하게 도울 뿐만 아니라 체액을 증진시켜 특히 건조한 겨울철에 좋은 식재료이다.

우유죽

겨울철 약죽

재료

멥쌀 100g, 우유 400mL, 알룰로스 3g, 물 500mL

조리법

1 멥쌀은 깨끗이 씻어 물에 1시간 담가 둔다.

2 냄비에 물과 멥쌀을 넣고 센 불로 끓여 물이 끓기 시작하면 약한 불로 줄여 쌀이 걸죽해질 때까지 끓인다.

3 우유와 알룰로스를 넣어 완성한다.

효능

체내 면역력을 제고시킨다. 우유는 칼슘이 풍부하여 골격을 강화시키고 위장의 기능을 원활하게 함으로써 소화흡수력을 증진시킨다.

참고사항

우유는 약한 불로 짧게 가열해야 영양분의 손실을 방지할 수 있고, 위의 죽에 대추나 건포도를 사용해서 식감과 영양을 모두 증진시킬 수도 있다.

5장 생애주기별 약죽(藥粥) (26종)

1. 유아

보통 3세까지의 유아는 신체와 지능의 발육에 중요한 시기로 단백질, 지방, 철분, 비타민 등이 충분히 공급되어야 한다. 유아의 발육이 완전하지 못하거나 식욕 저하가 현저한 경우 묽고 풍부한 영양죽을 제공하는 것이 좋다. 예를 들면 김, 계란, 새우, 목이버섯 등 영양이 풍부한 재료는 골격과 대뇌의 정상적인 발육에 도움이 된다.

사과귀리죽

유아죽

재료

귀리 100g, 우유 50g, 사과 50g,
물 1000mL

조리법

1 사과를 씻어 잘게 썬다.

2 귀리는 3~4시간 물에 담가 분량의 물을 넣고 약한 불로 끓인다.

3 죽이 끓기 시작하면 믹서기로 갈은 사과를 넣어 끓이고 마지막에 우유를 넣고 저어서 완성한다.

효능

소화흡수 기능을 강화시키고 뇌의 발육을 촉진시킨다. 사과와 귀리의 배합은 유아의 뇌 발육을 촉진시키고 기억력을 증진시킬 뿐만 아니라 유아의 성장발육을 촉진시킨다.

망고흑미죽

유아죽

재료

망고 50g, 흑미 100g, 생크림 5g, 물 1000mL

조리법

01 망고를 깨끗이 씻어 잘게 썰고 씨를 제거한다.

02 흑미는 씻어 2시간 물에 담가 둔다.

03 망고씨를 분량의 물과 함께 냄비에 넣고 센 불로 15분간 끓인 뒤 망고씨는 제거하고, 흑미를 넣고 약한 불로 줄여 걸죽하게 될 때까지 끓인다.

04 죽이 완성될 때에 망고를 넣고 한소끔 끓인 후 생크림을 넣어 완성한다.

효능

식욕을 증진시키고 충분한 무기질을 보충한다. 망고와 흑미의 배합은 인체에 필요한 다량의 미량 영양소를 함유하며 식욕을 증진시킨다.

참고사항

위의 식재료 중 생크림 대신 코코넛밀크를 사용해도 동일한 효과와 좋은 식감을 준다. 망고는 마늘처럼 맵고 자극성이 강한 식재료와 함께 사용하면 부작용을 초래할 수 있으므로 유의해야 한다.

조강낭콩죽

유아죽

재료

멥쌀 100g, 좁쌀 40g, 강낭콩 20g, 물 1200mL

조리법

01 멥쌀과 좁쌀은 씻어 물에 1시간 담가둔다.

02 강낭콩을 냄비에 넣고 센 불로 끓여 80%쯤 삶아졌을 때 멥쌀과 좁쌀을 넣는다.

03 약한 불로 줄여 쌀이 걸쭉하게 되었을 때 뜸을 들여 완성한다.

효능

방사선의 악영향을 방지하고 동시에 항암작용을 기대할 수 있다. 위 식재료의 배합은 단백질을 보충할 뿐만 아니라 지방, 칼슘, 인, 철, 칼륨 등 다양한 영양성분을 함유하고 있어 유아의 발육은 물론 빈혈 예방 효과도 기대할 수 있다.

참고사항

강낭콩은 사포닌, 글로부린 등의 성분을 함유하고 있어 면역력 제고에 좋은 효과가 있다.

완두당근두부죽

유아죽

재료

완두 25g, 당근 50g, 두부 100g, 멥쌀 120g, 소금 3g, 물 1000mL

조리법

1 당근과 두부를 깨끗이 씻어 잘게 썰고, 멥쌀과 완두는 씻어 둔다.

2 멥쌀, 완두, 당근을 냄비에 넣고 적량의 물과 함께 센 불로 끓여 물이 끓기 시작하면 약한 불로 줄여 끓인다.

3 쌀이 물러졌을 때 두부와 소금을 넣어 완성한다.

효능

아동의 칼슘을 보충하고 신체의 저항력을 증진시킨다. 완두는 칼슘과 섬유소를 풍부하게 함유하고 있으며, 두부와 함께 식욕을 증진시키고 소화력을 제고시킨다.

참고사항

건조된 완두는 사용전에 물에 4~5시간 정도 담가 둔 뒤 사용해야 좋은 식감을 유지할 수 있다. 두부는 혈중 납의 농도를 낮추고 간장의 기능을 보호한다. 특히 음주로 인한 간장의 피로를 감소시키는 작용이 있어 음주 후 간장보호에 좋다.

산천어목이버섯죽

유아죽

재료

산천어 100g, 검은 목이버섯 15g, 토마토 25g, 계란 반개, 멥쌀 200g, 파 20g, 마늘 5g, 국간장 2g, 소금 1g, 물 2000mL

조리법

01 산천어의 가시를 제거한 뒤 깨끗이 씻어 적당한 크기로 자른다. 검은 목이버섯은 물에 담가 불린 뒤 잘게 썰고, 토마토는 껍질을 제거한 뒤 믹서기로 마쇄한다.

02 멥쌀과 목이버섯을 깨끗이 씻어 냄비에 넣고 끓여 반쯤 익힌 뒤 산천어, 토마토, 파를 넣고 끓여 익힌다.

03 죽이 완성될 때 계란, 마늘, 파를 넣고 한소끔 끓인 뒤 국간장과 소금을 넣어 완성한다.

효능

동물성 단백질의 공급과 함께 뇌의 발달을 촉진시킨다. 위의 재료는 어린이들의 심뇌혈관계통의 발육을 촉진시킨다.

참고사항

토마토는 산천어의 비린내를 제거해 주는 역할과 함께 식감을 증진시킨다. 산천어의 쓸개는 독성을 함유하고 있으므로 유의한다.

2. 청소년

청소년기는 신체적인 성장뿐만 아니라 학습능력을 발휘해야 하는 중요한 시기이다. 대부분의 청소년은 과도한 두뇌활동과 함께 시력의 사용으로 평소 식생활을 통해 단백질, 비타민, 칼슘, 철분 등의 영양성분을 충분히 섭취해야 한다. 청소년기의 시력보호뿐만 아니라 두뇌활동을 도울 수 있는 재료는 참깨, 호두, 용안육, 마, 바나나, 계란 등이 있다. 이러한 재료를 합리적으로 사용하면 성장기 청소년들에게 충분한 영양을 공급할 뿐만 아니라 질병을 예방하는 효과도 얻을 수 있다.

검은참깨호두개암죽

청소년죽

재료

검은참깨 50g, 호두 30g, 개암 20g,
멥쌀 150g, 파 10g, 소금 5g, 물 1500mL

조리법

1 멥쌀은 씻어 물에 1시간 담가 둔다. 검은참깨는 볶아서 빻아 놓고, 호두와 개암은 껍질을 제거한 뒤 분말로 만든다. 파는 잘게 썬다.

2 멥쌀을 분량의 물과 함께 냄비에 넣고 끓여 물이 끓기 시작하면 참깨, 호두, 개암을 넣고 함께 끓인다.

3 센 불로 끓이다 물이 끓기 시작하면 약한 불로 줄여 마지막에 소금과 파를 넣어 완성한다.

효능

두뇌활동이 많은 청소년기의 학습능력을 제고시킨다. 참깨, 호두, 개암 등은 풍부한 레시틴을 함유하고 있어 평소 기억력과 민첩성 제고에 도움이 될 수 있다.

참고사항

참깨는 물이 끓기 전에 냄비에 넣으면 냄비에 쉽게 눌러붙을 수 있으므로 유의해야 한다.

우유닭죽

청소년죽

재료

멥쌀 100g, 닭육수 700mL, 닭가슴살 50g, 우유 500mL, 양배추 20g, 당근 20g, 소금 3g

조리법

01 닭가슴살, 양배추 그리고 당근을 깨끗이 씻어 잘게 썬다.

02 육수 700mL와 멥쌀을 함께 넣고 약한 불로 끓여 죽을 만든 뒤, 닭가슴살, 양배추, 당근을 넣고 걸죽해질 때까지 끓인다.

03 우유와 소금을 넣어 완성한다.

효능

신체발육 촉진과 대뇌의 영양보충 작용을 한다.

참고사항

위의 식재료를 장시간 끓일 경우 닭고기와 양배추의 영양분 손실에 유의해야 한다.

산약난황죽

청소년죽

재료

멥쌀 150g, 산약(마) 50g, 계란 노른자(난황) 2개, 실파 15g, 참기름 10g, 소금 5g, 물 1200mL

조리법

01 마를 깨끗이 씻어 껍질을 제거한 뒤 잘게 썰고, 실파도 잘게 썬다. 멥쌀은 깨끗이 씻어 물에 1시간 담근다.

02 멥쌀과 마를 참기름에 센 불로 볶아 분량의 물을 넣고 물이 끓기 시작하면 약한 불로 줄여 익힌 뒤 계란 노른자를 넣고 잘 섞는다. 마지막으로 소금을 넣어 한소끔 끓인다.

03 죽 위에 잘게 썬 실파로 장식한다.

효능

신경계통의 조절로 기억력을 증진시킨다. 마와 계란 노른자는 풍부한 영양분으로 신경계통에 대한 조절능력과 면역력을 제고시킨다.

바나나죽

청소년죽

재료

멥쌀 150g, 바나나 2개, 꿀 10g, 물 1500mL

조리법

01 멥쌀을 깨끗이 씻어 분량의 물과 함께 끓여 죽을 만든다.

02 바나나 껍질을 제거한 뒤 다져서 걸죽한 상태로 죽에 섞고, 꿀을 넣어 완성한다.

효능

학생의 집중력을 증가시킨다. 바나나와 멥쌀의 배합은 인체의 면역력을 제고시키고 동시에 혈액순환을 촉진시키며 집중력 증진에 기여한다.

참고사항

바나나는 장의 운동을 원활하게 함으로써 배변활동을 순조롭게 하고 동시에 폐기능을 활성화시켜 기침을 멈추게 하는 효과가 있다.

대추갈치죽

청소년죽

재료

찹쌀 100g, 갈치 100g, 대추 35g, 생강 5g, 마늘 10g, 국간장 3g, 소금 1g, 물 1000mL

조리법

01 찹쌀은 씻어 물에 1시간 담가두고, 갈치는 씻어 적당한 크기로 자른다. 대추는 물에 불려 씨를 빼고 잘게 썰고, 생강은 즙을 낸다.

02 찹쌀과 대추를 적량의 물과 함께 냄비에 넣고 끓여 물이 끓기 시작하면 약한 불로 줄여 갈치를 넣는다.

03 마지막으로 생강즙, 국간장, 소금을 넣어 완성한다.

효능

식욕을 증진시키고 스트레스를 해소시킨다. 대추와 갈치의 배합은 기와 혈을 보충하고 동시에 소화기계의 작용을 원활하게 하고 피로회복과 심신안정을 돕는다.

참고사항

대추는 당 함량이 풍부한 재료로 당뇨병 환자는 과용하지 않도록 유의해야 한다.

3. 임산부

임산부는 태아에게 풍부한 영양을 공급해야 하는 신체적 특수성을 갖고 있다. 죽을 섭취하는 것은 임산부에게 풍부한 영양을 제공할 수 있는 좋은 방법이다.

임산부가 평소 약죽으로 영양공급을 하는 것은 본인은 물론 태아에게 필요한 영양을 제공함과 동시에 면역력을 제고시켜 각종 질병을 예방할 수 있다. 임산부에게 적합한 재료는 해삼, 미역, 잉어, 땅콩, 포도, 당근 등이 있다.

해삼죽

재료

해삼 50g, 멥쌀 100g, 물 800mL

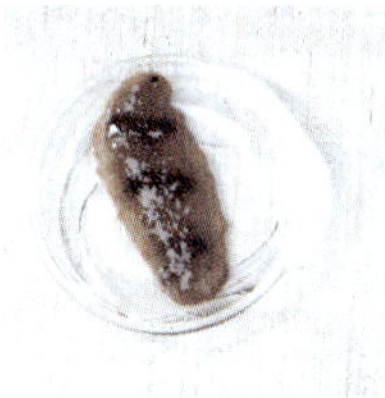

조리법

1 해삼은 내장을 제거하여 깨끗이 씻고, 멥쌀은 씻어 물에 1시간 담가둔다.

2 냄비에 분량의 물과 함께 해삼, 멥쌀을 넣고 끓인다.

3 물이 끓기 시작하면 약한 불로 줄여 걸죽해질 때까지 끓여 완성한다.

효능

태아의 대뇌와 갑상선 발육을 촉진한다. 해삼과 멥쌀의 배합은 칼슘, 셀레늄, 요오드 등의 영양성분을 풍부하게 함유하고 있어 태아 및 임산부의 면역력 및 성장을 촉진시킨다.

건포도견과죽

임산부죽

재료

멥쌀 100g, 옥수수, 땅콩, 건포도, 호두 각 20g, 알룰로스 6g, 물 1200mL

조리법

01 옥수수, 땅콩, 건포도, 호두를 각각 깨끗이 씻어 물에 담가둔다. 호두는 다진다.

02 냄비에 멥쌀을 넣고 끓인 뒤 옥수수, 땅콩, 건포도, 호두를 넣고 약한 불로 줄인다.

03 걸죽해질 때까지 끓여 알룰로스를 넣어 완성한다.

효능

소화기능을 돕고 태아의 발육을 촉진시킨다. 4종류의 과일은 임산부의 영양공급은 물론 태아의 두뇌 발달을 촉진시킨다.

참고사항

죽을 끓일 때 먼저 물을 끓인 뒤 멥쌀을 넣으면 냄비에 눌어붙는 것을 방지할 수 있다.

밤닭가슴살죽

임산부죽

재료

멥쌀 100g, 밤 50g, 닭가슴살 40g, 참기름 5g, 소금 3g, 물 1200mL

조리법

01 밤은 껍질을 제거하고, 쌀은 깨끗이 씻어 물에 1시간 담가 둔다. 닭가슴살은 잠시 데친 뒤 잘게 썰어 참기름과 소금으로 무쳐 준다.

02 냄비에 분량의 물, 밤과 멥쌀을 넣고 센 불로 끓여 물이 끓기 시작하면 약한 불로 줄여 40분간 더 끓인다.

03 닭가슴살을 넣고 끓여 익힌 뒤 소금을 넣어 완성한다.

효능

소화기계를 원활하게 함과 동시에 혈액순환을 돕는다. 위 재료 배합은 소화기계는 물론 혈액순환 촉진과 근육을 튼튼하게 하는 효능 등으로 임산부와 태아의 영양보충에 적합하다.

참고사항

밤은 탄수화물과 단백질은 물론 섬유소 등이 풍부하여 구강궤양 치료에 도움이 된다.

진피미역죽

임산부죽

재료

미역 50g, 멥쌀 100g, 진피(귤껍질) 10g, 알룰로스 6g, 물 1000mL

조리법

01 미역은 물에 담가 부드럽게 만든 뒤 잘게 썰어 참기름에 볶아 놓는다. 진피는 깨끗이 씻는다.

02 물과 멥쌀을 냄비에 넣고 센 불로 끓여 물이 끓기 시작할 때 약한 불로 줄인다. 미역과 진피를 넣고 골고루 섞어 준다.

03 죽이 걸죽하게 되었을 때 알룰로스를 넣어 완성한다.

효능

기혈을 보충하고 분만을 촉진시킨다. 진피와 미역의 배합은 기혈을 보충하고 해열, 이뇨작용 및 정서적 안정 등의 효능으로 해산 과정을 순조롭게 도울 수 있다.

참고사항

진피는 기의 순환을 돕고 담을 제거하면서 구역질과 구토를 멈추게 하는 효능이 있다. 물에 끓여 차로 마실 때 10g정도가 적당하다. 미역에는 만니톨이 함유되어 있으며 주로 백색의 분말형태로 미역 표면에 나타난다.

완두소고기현미죽

임산부죽

재료

완두 40개, 소고기 30g, 현미 100g, 파 각 15g, 참기름 3g, 국간장 2g, 알룰로스 약간, 물 1200mL

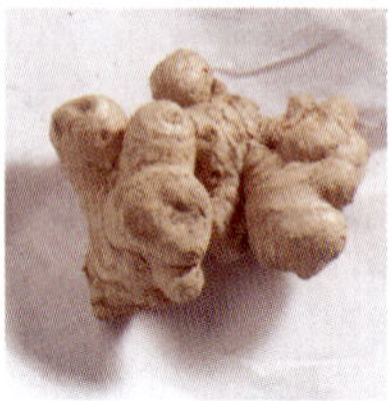

조리법

01 현미는 깨끗이 씻어 물에 1시간 동안 담가 두고, 소고기는 잘게 썰어 설탕, 간장, 참기름에 30분간 재어둔다. 생강은 즙을 낸다.

02 냄비에 분량의 물과 함께 먼저 현미를 넣고 끓인 뒤 완두와 소고기를 넣고 약한 불로 줄인다.

03 완두가 물러질 때까지 끓여 파와 알룰로스를 넣어 완성한다.

효능

신체의 면역력을 제고시키고 태아의 성장을 촉진시킨다.

참고사항

현미는 최소한 2~3시간 정도 물에 담가 둔 뒤 끓여야 시간을 절약할 수 있다. 건조된 완두는 충분히 불려서 삶는다.

바나나옥수수죽

임산부죽

재료

옥수수 100g, 멥쌀 50g, 구기자 10g, 바나나 1개, 물 1200mL

조리법

1 바나나는 껍질을 제거한 뒤 잘게 썰어둔다.

2 냄비에 적량의 물을 끓인 뒤 멥쌀, 옥수수, 구기자를 넣고 약한 불로 줄여 끓인다.

3 옥수수가 익으면 바나나를 넣어 한소끔 끓여 완성한다.

효능

혈액을 보충함과 동시에 혈액순환을 촉진시키고 정서적 안정을 돕는다. 바나나와 옥수수의 배합은 단백질, 칼슘, 비타민, 섬유소 등의 성분이 풍부하게 함유되어 임산부의 영양공급을 돕는다.

참고사항

바나나는 끓이는 시간이 길어지면 갈변하므로 주의를 요한다. 공복에 바나나를 지나치게 많이 섭취하면 바나나가 함유하고 있는 마그네슘이 체액에서 칼슘과의 부조화로 인해 몸에 힘이 떨어지고 졸리는 증상이 유발될 수 있다.

4. 산모

산모는 해산으로 인해 체력의 소모가 컸기 때문에 충분한 영양공급과 휴식으로 체력을 회복시켜야 한다.

따라서 체력 회복과 유즙의 분비에 도움이 되는 음식을 섭취할 필요가 있다. 영양성분이 풍부할 뿐만 아니라 산모의 식욕을 증진시키고 유즙분비에도 도움이 되는 재료는 좁쌀, 팥, 모과, 복분자 등이 있다. 따라서 산모의 건강과 영아의 건강한 성장을 위한 식재료의 선택은 매우 중요하다.

잉어팥죽

산모죽

재료

잉어 1마리, 팥 100g, 멥쌀 150g, 생강 10g, 파 20g, 청주 15g, 국간장 5g, 소금 5g, 물 3000mL

조리법

01 잉어는 뼈를 제거한 뒤 적당한 크기로 자르고 팥은 한번 끓여 물을 버리고 다시 물에 넣어 삶는다.

02 냄비에 적량의 물을 넣고 잉어, 생강, 파, 청주를 넣어 20분정도 끓인다.

03 잉어를 삶은 냄비에서 생강과 파를 꺼낸 뒤 삶은 팥, 멥쌀을 넣고 약한 불로 줄여 쌀이 걸죽해질 때까지 끓인다.

04 국간장과 소금을 넣어 완성한다.

효능

체력을 보충하고 이뇨작용과 유즙의 분비를 촉진시킨다. 잉어와 팥의 배합은 소화기계를 원활하게 하여 산모의 체력증진을 도와주고 유즙의 분비를 촉진시킨다.

참고사항

잉어의 뼈를 제거할 때는 먼저 잉어를 익힌 뒤 머리뼈부터 꼬리쪽으로 제거해야 쉽게 뼈를 제거할 수 있다.

구기자마새우죽

산모죽

재료

멥쌀 100g, 좁쌀 50g, 새우 50g, 구기자 10g, 산약(마) 10g, 소금 5g, 물 1200mL

조리법

01 산약과 새우는 잘게 썰고 쌀은 씻어 물에 1시간 담가둔다.

02 냄비에 멥쌀과 좁쌀을 넣고 끓인 뒤 다시 산약을 넣고 약한 불로 줄여 끓인다.

03 쌀이 걸죽하게 되었을 때 새우와 구기자를 넣고 소금을 넣어 완성한다.

효능

체내 단백질을 보충하고 진액을 생성시켜 유즙의 분비를 촉진시킨다.

참고사항

마는 가능하면 신선한 것이 좋다. 마는 비교적 강한 수렴성을 갖고 있어 평소 변비 증상이 있는 사람들에게는 신중하게 사용해야 한다.

족발황두죽

산모죽

재료

황두 80g, 멥쌀 200g, 족발 1개, 생강 10g, 계피 10g, 파 20g, 청주 15mL, 된장 5g, 진간장 5g, 소금 5g, 물 4000mL

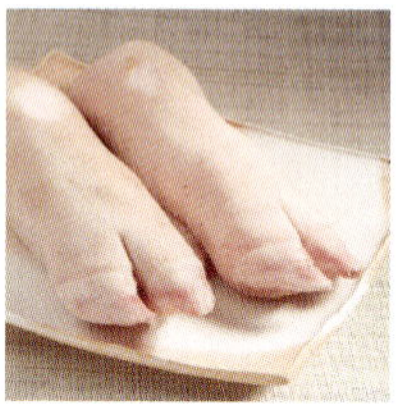

조리법

01 황두는 물에 4~6시간 동안 담가두고, 깨끗이 씻은 족발은 적당한 크기로 잘라 끓는 물에 데친다.

02 냄비에 물 3000mL, 족발, 파, 생강, 계피, 생강, 된장, 진간장을 넣고 센 불로 끓인 뒤 약한 불로 줄여 족발이 익으면 뼈를 제거하고 잘게 썬다.

03 황두를 1000mL의 끓는 물에 넣고 약한 불로 줄여 20분간 더 끓인 뒤 멥쌀을 넣고 다시 20분간 끓인다.

04 마지막으로 족발과 족발을 끓인 탕과 소금을 넣고 10분간 더 끓여 완성한다.

효능

비타민을 보충하고 산모의 유즙분비를 촉진시킨다. 비타민과 각종 영양성분으로 산모의 체력회복과 유즙분비를 촉진시킨다.

팥조죽

산모죽

재료

팥 20g, 좁쌀 150g, 알룰로스 6g, 물 1200mL

조리법

1 팥은 깨끗이 씻어 한번 삶아 물을 버리고 다시 물을 넣어 삶아둔다. 좁쌀은 깨끗이 씻어 둔다.

2 물, 팥, 좁쌀을 냄비에 넣고 끓여 물이 끓기 시작하면 약한 불로 줄여 좁쌀이 걸죽하게 될 때 적량의 알룰로스를 넣어 완성한다.

효능

체력을 보충하고 유즙의 분비를 촉진시킨다. 팥과 좁쌀의 배합은 소화기계를 원활하게 함과 동시에 혈액을 보충하는 효과가 있어 심신의 피로를 회복시킨다.

인삼대추죽

재료

멥쌀 100g, 인삼, 복분자 각 10g, 대추 70g, 알룰로스 6g, 물 1500mL

조리법

01 인삼, 복분자와 물 500mL를 냄비에 넣고 10분 끓인 뒤 약즙을 취한다.

02 냄비에 멥쌀과 물 1000mL를 넣고 끓인 뒤, 다시 약즙과 대추를 넣고 약한 불로 줄여 쌀이 걸죽해질 때까지 끓인다. 알룰로스를 넣어 한소끔 끓여 완성한다.

효능

산모의 면역력을 제고시켜 산모의 체력부족으로 인한 유즙의 자연분비를 도와준다. 인삼은 체내의 기를 보충하고 진액을 생성시켜 갈증을 해소한다. 인삼과 대추의 배합은 기와 혈을 보충하여 산모의 체력저하를 회복시켜 준다.

참고사항

한약재 특유의 맛에 대한 거부감을 상쇄시키기 위해서는 약재를 먼저 끓여 즙을 취하고, 마지막에 적량의 알룰로스를 넣는다.

5. 중·노년

중·노년기에는 전반적으로 신체의 쇠약기에 접어드는 단계로 심장병, 골다공증, 당뇨병 등의 질환이 발병되는 시기이다. 따라서 평소 고지혈증을 예방하고, 전신의 기혈을 보충할 수 있는 식재료를 활용하는 것이 중요하다. 예를 들면, 가지, 대구, 양고기, 해마, 닭고기 등의 재료를 활용한 음식을 섭취함과 동시에 꾸준한 체력단련이 필요하다. 적당한 운동과 식이요법이 병행될 때 면역력이 충만하고 건강한 신체를 유지하며 각종 노인성 질병을 예방할 수 있다.

연자팔보죽

중·노년죽

재료

호박 40g, 멥쌀, 찹쌀 각 50g, 용안육, 대추, 녹두, 연밥 각 10g, 백합 2.5g, 소금 3g, 물 1200mL

조리법

1. 대추는 씨를 제거하고, 용안육, 연밥과 함께 물에 4시간 정도 담가 둔다. 녹두는 냄비에 넣고 30분 정도 삶는다.

2. 멥쌀과 찹쌀은 깨끗이 씻어 물에 1시간 담가둔다. 호박은 잘게 썰고, 백합은 물에 담가둔다.

3. 찹쌀, 멥쌀, 호박을 센 불에 끓인 뒤 물이 끓으면 약한 불로 줄여 30분 정도 더 끓인다.

4. 대추, 녹두, 용안육, 백합, 연밥 등을 넣고 끓여 마지막에 소금을 넣어 완성한다.

효능

간기능을 원활하게 하고 혈압과 고지혈증을 낮추는 효과가 있다.

참고사항

대추, 용안육, 연밥, 녹두는 냄비에 넣고 30분 정도 끓인 뒤 죽을 만들면 시간도 절약하고 식감도 좋게할 수 있다. 위의 식재료 중 멥쌀과 찹쌀은 현미와 흑미로 바꾸면 섬유소의 증가로 장의 연동운동을 증가시킬 수 있다.

가지죽

중·노년죽

재료

가지 100g, 멥쌀 100g, 소금 2g, 물 800mL

조리법

1 가지는 씻어 잘게 자르고, 멥쌀은 씻어 물에 1시간 담가둔다.

2 냄비에 적량의 물과 멥쌀을 넣고 센 불로 끓여 물이 끓기 시작하면 약한 불로 줄여 쌀이 물러질 때까지 끓인다.

3 가지와 소금을 넣어 한소끔 끓여 완성한다.

효능

이뇨, 해열작용 및 혈액순환 촉진으로 혈압을 낮출 수 있다. 가지는 풍부한 비타민과 각종 영양소를 함유하여 중·노년의 고혈압, 동맥경화 등을 예방할 수 있다.

참고사항

가지과 식물은 인체에 유해한 솔라닌 성분을 함유하고 있어 지나치게 과숙된 가지는 좋지 않다.

연밥마율무죽

중·노년죽

재료

연밥 50g, 산약(마) 30g, 멥쌀 150g, 율무 30g, 알룰로스 6g, 물 2000mL

조리법

01 연밥, 마, 멥쌀, 율무를 각각 깨끗이 씻어 연밥은 물에 4시간, 멥쌀은 1시간, 율무는 3시간 담가둔다.

02 냄비에 연밥, 마, 멥쌀, 율무를 넣고 분량의 물과 함께 푹 끓여 알룰로스를 넣어 완성한다.

효능

체력을 보충하고 항암작용을 기대할 수 있다.

귀리연근죽

중·노년죽

재료

귀리 100g, 연근 75g, 대추 10g,
알룰로스 3g, 물 1000mL

조리법

1 귀리는 깨끗이 씻어 물에 담가 놓고 연근은 깨끗이 씻어 잘게 썬다.

2 냄비에 귀리와 분량의 물을 넣고 센 불로 끓인다. 물이 끓기 시작하면 연근과 대추를 넣고 약한 불로 줄여 걸죽하게 될 때까지 끓인 뒤 알룰로스를 넣어 완성한다.

3 죽에 연근을 잘라 장식한다.

효능

장의 운동을 활성화시켜 배변활동을 촉진시키고 뇌혈관 질환을 예방할 수 있다. 귀리에는 섬유소가 풍부하고 연근과의 배합으로 장의 활동을 촉진시켜 노인성 변비와 뇌혈관 질환을 예방할 수 있다.
수분흡수력이 우수한 β-글루칸을 다량 함유하여 혈중 콜레스테롤을 감소시키는 효과가 있다.

참고사항

귀리에는 리놀산이 풍부하게 함유되어 있어 특히 노인들의 체력증진에 큰 도움이 될 수 있다.

돼지고기땅콩죽

중·노년죽

재료

찹쌀 125g, 돼지고기(안심) 50g, 땅콩 25g, 표고버섯 15g, 참기름 15g, 마늘 5g, 소금 3g, 물 1000mL

조리법

01 찹쌀은 깨끗이 씻어 물에 1시간 담가두고, 표고버섯은 잘게 썰어둔다.

02 땅콩은 삶아 익히고 돼지고기는 잘게 썰어 파와 참기름을 넣고 반쯤 익도록 볶는다.

03 냄비에 멥쌀을 넣고 참기름 10g에 볶은 뒤, 분량의 물을 넣고 센 불로 끓인다.

04 돼지고기, 땅콩, 표고버섯을 넣고 약한 불로 줄여 죽이 걸죽하게 되면 마늘, 소금을 넣어 완성한다.

효능

소화력을 증진시켜 식욕을 돋우고 기억력을 향상시킨다.

참고사항

찹쌀 대신 멥쌀, 옥수수, 흑미 등의 재료를 사용하는 것도 유사한 효과를 나타낸다.

참고문헌

- 林園經濟志 속의 粥, 조은자 편저, 광문각, 2007
- 쉽고 간편한 죽, 이미자 김인자 임영희 문혜영 박혜경 오경옥 신미경 이춘자, 대원사, 2010
- 약선음식, 전순실 신동원, 문운당, 2008
- 약이 되는 우리 음식, 조금호 조여원, 교문사, 2006
- 뽕잎과 오디를 첨가한 기능성 죽 제조 및 품질특성 평가, 김유진, 경기대학교 대체의학대학원 석사학위논문, 2016
- 식품영양식품자료집(3), 식품의약안전처, 2020
- 보약으로 먹는 영양죽, 배태자, 예신, 2006
- 文獻속에 나타난 粥의 分析的 考察, 신혜승, 조은자, 1996, 한국식생활문화학회지, 11(5) 609-619
- <죽(粥)>명칭의 분절구조 연구, 정태경, 2003, 한국어내용론, 9, 157-180
- 방사선 조사된 환자용 타락죽의 품질특성, 한인준, 순천대학교 대학원 박사학위논문, 2012
- 인삼닭죽 재료의 혼합비율에 따른 기호도와 식품학적 특성, 신은주, 부경대학교 대학원 박사학위논문, 2006
- 《東醫寶鑑》, 許浚, 남산당, 2003
- 《醫方類聚》, 서울 : 여강 영인, 1994
- 《醫方類聚》 치법편의 구성과 특징, 안상우, 최한수, 한국한의학연구논문집6/1, 2000
- 中藥材百科, 薛麗君, 黑龍江科學技術出版社, 2019
- 養生粥膳, 張明, 天津科學技術出版社, 2015
- 一碗好粥, 薩巴蒂娜, 中國輕工業出版社, 2018
- 清粥小菜, 薩巴蒂娜, 中國輕工業出版社, 2019
- 私房湯粥, 李玉棟, 遼寧科學技術出版社, 2017
- 五穀雜糧養生粥, 路志正, 天津人民出版社, 2017

- 五穀雜糧好粥道, 漢竹, 江蘇鳳凰技術出版社, 2017
- 圖解本草綱目對症蔬果全書, 天津科學技術出版社, 2014
- 名老中醫養胃粥, 吳中朝, 江蘇鳳凰技術出版社, 2017
- 暖胃好粥, 薄灰, 江蘇鳳凰技術出版社, 2018
- 看體質粥, 石晶明, 江蘇鳳凰技術出版社, 2014
- 粥·麵, 陳正云, 周詩鴻, 南海出版公社, 2006
- 百變營養煲粥1000祥, 家庭書架編輯委員會, 北京出版社, 2007
- 家庭實用藥粥, 上海科學技術出版社, 2004
- 家用藥膳99, 杜惠芳외, 華齡出版社, 2005
- 家庭藥膳保健全書, 李雪明, 河北科學技術出版社, 2006
- 經典家庭藥膳690例, 楊景海 周敏蘭, 廣西科學技術出版社, 2007
- 四季養生藥膳, 徐幇學, 中國廣播電視出版社, 2007
- 食療本草, 孟詵, 安徽科學技術出版社, 2003
- 食療本草經, 孔令謙, 華齡出版社, 2006
- 藥療不如食療, 郭會珍, 新世界出版社, 2007
- 藥膳與藥粥保健療法, 徐毅, 安徽科學技術出版社, 2007
- 藥食同源, 鴻宇, 北京燕山出版社, 2006
- 家庭實用藥粥, 劉光明, 陳麗雲, 上海科學技術出版社, 2004
- 疾病與食物相剋, 張雲輝, 黃際薇, 廣東經濟出版社, 2005
- 粥膳, 孔令謙, 青島出版社, 2006
- 中國藥膳辨證治療學, 周文泉 沙鳳桐 高普 李寶華, 人民衛生出版社, 2002
- 中國營養液大觀, 吳德祥, 上海科學技術出版社, 1996
- 中醫三寶養生, 劉健, 安徽科學技術出版社, 2007
- 中醫食療藥膳, 于釋然, 朝華出版社, 2006
- 調元·體質·食養, 匡調元, 上海科學技術文獻出版社,1994
- 常見疾病的飲食宜忌和中藥的煎服法, 張謨瑞,人民衛生出版社,1996
- 和食薬膳のすすめ, 武鈴子, 三松當印刷株式會社, 2007

찾아보기

ㅅ

ㅇ

건강과 맛으로 먹는 **약죽**

초판인쇄 | 2020년 8월 20일
초판발행 | 2020년 8월 26일

저 자 | 전순실 · 신동원 · 이동희
발 행 인 | 이성범
발 행 처 | 문운당
주 소 | 서울시 종로구 혜화로5길 16 (명륜1가 45-3)
전 화 | (02)762-6010
팩 스 | 영업 (02)745-0265 / 편집 (02)762-8758
이 메 일 | 영업 munun2@chol.com
편집 munundang@naver.com
홈페이지 | http://munundang.co.kr

ISBN 979-11-5692-500-2 93510

징가 38,000원